Suzanne Viguier a enfin été retrouvée

Un « cold case » interdit

Joachim Rauhut

Suzanne Viguier a enfin été retrouvée

Un « cold case » interdit

LE LYS BLEU
ÉDITIONS

ISBN : 979-10-422-0985-8

*Ce livre est dédié à tous ceux qui se soucient
du sort de Suzanne Viguier, en particulier ses proches parents :
sa mère, ses sœurs, ses enfants, son amant.*

Avant-propos

Selon le parquet, « l'affaire du meurtre Viguier » a finalement été classée avec les deux acquittements de l'accusé Jacques Viguier, les 30 avril 2009 et 20 mars 2010. Il n'a pas été possible de prouver qu'il a assassiné sa femme, Suzanne Viguier, le 27 février 2000. L'acquitté a alors doublé « que la véritable innocence n'est prouvée que lorsque son épouse Suzanne Viguier est retrouvée ».

Ce livre est un rapport factuel. Après une brève introduction, il reprend où le Tribunal de Grande Instance d'Albi a interprété, le 20 mars 2010, les preuves disponibles en faveur du professeur de droit toulousain, avec l'intime conviction « in dubio pro reo ».

Aussi étrange que cela puisse paraître, grâce à cet acquittement, j'ai enfin pu retrouver Suzanne Viguier. Pour être plus précis : c'est l'accusé lui-même, après mon témoignage (ridicule visiblement, compte tenu des fous rires des jurés), qui m'a tenu la perche.

Mais… une chose après l'autre.

Si l'accusé avait été condamné, le sort de Suzanne serait également resté inconnu, puisque certains se seraient simplement contentés du verdict.

Je sentais, après mon témoignage, le 9 mars 2010, qu'il était à ma portée de trouver le corps de Suzanne Viguier.

Suzanne Viguier a reçu de nombreuses accusations au cours des 10 ans et 22 jours qui ont précédé la découverte de ses restes : Elle aurait abandonné ses enfants, fugué, fait une mauvaise rencontre. Son mari a grandement contribué à la création de cette image. La police judiciaire a été accusée par la Défense de ne pas avoir retrouvé Suzanne vivante et s'est injustement fixée sur le professeur de droit.

Suzanne Viguier est officieusement décédée le 27 février 2000. L'incertitude sur son sort divise et désespère ses proches. Je ne connais pas plus Suzanne Viguier que la plupart de vos chers lecteurs. J'essaie d'effectuer des recherches sur le peu que je sais d'elle. La recherche d'indices et les analyses d'un passe-temps, « Sherlock Holmes » que j'ai été contraint de devenir par les circonstances, ne sont, certes, pas parfaites, mais elles ont conduit au succès de la découverte du crime. Pourquoi m'incomberait-il, sur 65 millions d'habitants en France, d'avoir à résoudre cette affaire de meurtre ? Je me le demande. Étant donné que j'étais prêt à me présenter et à témoigner, je me sens soucieux de contribuer à la recherche de la vérité.

Cependant, en mars 2010, je n'aurais jamais imaginé qu'il serait si difficile d'aider la vérité, en cours de route. Il était temps que Suzanne Viguier prenne la tête de cette affaire de crime, elle qui écrit toujours au subjonctif et au passé. Je ne suis que son chauffeur. Ce livre est écrit en son honneur et sa mémoire.

Introduction

Nous sommes le dimanche 27 février 2000 à 18 h 39, près de Toulouse. Le soleil vient de se coucher. Alors que l'obscurité tombe, on frappe à la vitre de la porte d'entrée. C'est Norbert Terrasse, notre voisin. Il est retraité depuis 1998 et a été inspecteur de police, à Toulouse. Il s'arrête sur le pas de la porte et commence à raconter une histoire.

« Une connaissance vient de l'appeler et lui a annoncé que sa femme a disparu. Que doit-il faire ? Norbert explique que cette connaissance est professeur de droit à la faculté de Toulouse et que sa femme est professeur de danse, avec qui ses deux filles prennent des cours de danse. Norbert n'est pas tout à fait à l'aise. Il trouve la question de la connaissance "amusante". Norbert lui dit qu'il va devoir signaler la disparition de sa femme, le lundi 28 février au matin, si elle ne se présente pas ce soir. La "connaissance" lui répond que c'est impossible, car il ne sera pas présent le 28 février. Norbert lui répond de le faire le mardi 29 février au plus tard. Là encore, la "connaissance" lui rétorque qu'elle sera occupée par son travail. »

Norbert devient méfiant, soupçonne qu'on l'utilise comme alibi et me dit clairement : « Je pense qu'il a tué sa femme ». C'était tellement effrayant ! Mais c'est pourquoi cette phrase improbable est restée gravée dans ma mémoire.

Partie I

La préhistoire

La situation familiale

Le nom de jeune fille de Suzanne était Suzy Blanch. Dans le « harem » de Jacques Viguier, elle est devenue, au fil des années, la femme principale, la numéro 1. Depuis 1988, elle s'appelle donc Suzanne Viguier. Le parquet avait utilisé ce terme de « harem » pour donner au grand nombre de maîtresses du mari, chasseur de gros gibier amateur, un territoire marqué. Cet état de fait ne pouvait durer au fil des ans.

Suzanne a pris rendez-vous avec un avocat spécialisé en divorce. Elle devait le rencontrer le lundi 28 février 2000. Le mariage a engendré trois enfants (Suzanne se serait probablement appelée Suzy Durandet à un moment donné, mais elle ne devait jamais en arriver là...)

Neuf ans plus tard (2009)

Nous n'avons plus jamais reparlé, Norbert et moi, de cette histoire. Tout était certainement rentré dans l'ordre. Or, par coïncidence, le 30 avril 2009, en regardant les informations sur France 2, le journaliste parle d'un professeur de droit nommé Viguier, accusé du meurtre de sa femme, mais qui vient d'être acquitté. N'est-ce pas la même histoire que je connais de Norbert ? Un appel téléphonique qu'il reçoit le soir même confirme les faits. Maintenant, il y a urgence ! À présent, je vais faire mon rapport au parquet.

Cependant, en raison du 1er mai et du week-end, je ne pourrai envoyer mon témoignage écrit que le 4 mai 2009 à 9 h, par la Poste.

Auparavant, j'avais contacté le Parquet de Toulouse. Le même jour à 13 h 30, le Procureur de la République en charge du dossier a fait appel. Une nouvelle date d'audience est fixée au 1er mars 2010. Le procès devrait durer jusqu'au 20 mars 2010. La ville d'Albi est fixée comme lieu juridique.

Dix ans plus tard (2010)

J'ai reçu une lettre du Parquet en décembre 2009 pour présenter mon témoignage écrit dans l'affaire pénale « Viguier », devant la Cour d'Assises du Tarn à Albi, le 9 mars 2010.

Chronologie des évènements (enquêtés par la justice)

27 février 2000 :

– **4 h 30 :** Suzy est ramenée à la maison par son petit ami, Olivier Durandet. Ils étaient dans un tournoi de tarot (jeu de cartes). Ils s'étaient rencontrés 18 mois auparavant. Suzy a trouvé en Olivier ce que son mari ne pouvait offrir, à savoir : chaleur et sécurité.

Ce même jour, Jacques Viguier affirme avoir entendu venir sa femme. Elle dort dans une chambre voisine dans un lit gigogne.

Elle met le réveil à 13 h 45, car Olivier Durandet lui a demandé de le réveiller à 14 h. La fille de 10 ans rejoint sa mère pour le reste de la nuit.

– **8 h 30 :** Jacques Viguier affirme avoir reconnu une « forme » humaine allongée sur le lit, à côté de sa fille.**27/02/2000 – 10 h à 10 h 15 :** le père de Jacques Viguier vient chercher les enfants en voiture pour le déjeuner. Jacques Viguier doit les rejoindre.

– **10 h 45 :** Jacques Viguier téléphone pour prévenir qu'il aura du retard.

– **11 h à 11 h 45** : Jacques Viguier déclare qu'il a fait du jogging dans le quartier. Il n'y a aucun témoin.

– **Vers 12 h 15 :** Jacques Viguier part de chez lui en voiture pour rejoindre les enfants et leurs grands-parents. Il verrouille la maison.

– **16 h :** Jacques Viguier va au cinéma avec ses enfants.

– **18 h :** Jacques Viguier rentre chez lui avec ses enfants. Il téléphone à un inspecteur de police à la retraite bien connu et lui déclare que sa femme a disparu, et lui demande ce qu'il doit faire. L'inspecteur rapporte immédiatement cet appel à l'auteur de ce livre (*Ce fait ne sera, par la suite, pas reconnu par le tribunal et considéré comme une erreur de la part du témoin*). Le président du tribunal, Jacques Richiardi, a décidé, à la suite de mon appel téléphonique vers lui en début avril 2010, de localiser cet appel de l'accusé vers Norbert Terrasse, au jeudi 2 mars 2000 !

– **18 h 30 :** Jacques Viguier emmène ses enfants dans une pizzeria.

– **20 h 45 :** Olivier Durandet téléphone à Jacques Viguier et lui demande où se trouve Suzy. Aucune réponse sensée ne lui est donnée.

28 février 2000

– **9 h :** Olivier Durandet se rend chez les Viguier et demande à Jacques Viguier où est Suzy. Toujours pas de réponse sensée.

Les parents de Jacques Viguier emmènent les jumeaux Guillaume et Nicolas pour les vacances scolaires, dans leur résidence secondaire qui se situe dans le village montagnard d'Orgeix, dans le département de l'Ariège, à environ deux heures de route de Toulouse. La fille du couple Viguier, Clémence, reste à Toulouse en raison d'un stage de ping-pong. Jacques Viguier l'amène le soir à Orgeix et repart ensuite à Toulouse. Il veut revenir le lendemain.

(En résumé il fera en total 6 aller-retour Toulouse – Orgeix, Orgeix – Toulouse dans un délai de 60 heures.

Ce sont 14 heures de conduite en voiture, près de 800 km. Une véritable navette entre ces lieux. Le tout enregistré sous « vacances de ski ».

La cour n'a pas vu que ça puait).

29 février 2000 *(année bissextile)*

– Jacques Viguier arrive à Orgeix en début d'après-midi. Dans l'après-midi, Olivier Durandet et la « nounou » se rendent à la maison Viguier, à Toulouse. Ils n'obtiendront pas de réponse à leurs coups frappés à la porte. Ils entrent dans la maison pour chercher des traces de Suzy.

1er mars 2000

– Jacques Viguier se rend de Orgeix à Toulouse et dépose une déclaration de disparition dans un commissariat toulousain.

Il faut préciser que l'autoroute A66 n'était pas encore en service ni le tunnel de Foix. Le trajet entre Orgeix et Toulouse en voiture prenant environ 2 h 20 à cette époque.

2 mars 2000 – 4 h

– Jacques Viguier revient à Orgeix.

3 mars 2000

– Jacques Viguier repart d'Orgeix seul en voiture. Les enfants restent chez les grands-parents.

– 5 mars 2000

– Jacques Viguier s'envole pour Strasbourg pour le travail.

7 mars 2000

– Jacques Viguier s'envole pour Toulouse et séjourne chez l'une de ses maîtresses.

08 mars 2000

– Jacques Viguier porte plainte pour enlèvement et séquestration. Il lave les draps du lit de Suzy et jette le matelas dans une décharge. Le feu s'y déclare pendant la nuit et le matelas est brûlé.

10 mars 2000 :

– **9 h :** Jacques Viguier est convoqué au commissariat. Une perquisition est réalisée chez lui et le détective trouve, dans un placard, le sac à main de Suzy comprenant ses lunettes et les clés de la maison.

– **14 h 30 :** Jacques Viguier est mis en garde à vue pour 48 heures.

12 mars 2000 – 17 h

– Jacques Viguier est libéré.

13 mars 2000

– Le portefeuille de Suzanne Viguier, sa carte d'identité et son permis de conduire sont retrouvés dans les rues de Toulouse. **Aucun lien n'est fait avec l'affaire.**

Du 11 mai 2000 au 15 février 2001

– La juge d'instruction, Myriam Viargues, par mesure de précaution, envoie Jacques Viguier en prison qui y restera jusqu'au 15 février 2001.

Le témoignage inopportun

À la fin de l'après-midi du 9 mars 2010, je présente mon témoignage au jury populaire d'Albi. Je m'en tiens aux pièces écrites que j'ai transmises au parquet le 4 mai 2009. Il devient vite évident que ce témoignage ne rentre pas dans le programme.

Apparemment, le tribunal a un rapport de l'an 2000 qui contient des données différentes. Et puisqu'elles sont tamponnées et signées, il ne voit pas la moindre raison d'écouter et d'envisager une nouvelle version… **Mais c'est la bonne.**

Dans le tribunal, les 15 jurés ont éclaté de rire quand j'ai demandé s'il restait des questions. L'accusé suivait mes propos avec une tête toute rouge. Un rapide coup d'œil vers lui, le regardant dans les yeux, me suffit pour savoir ce qui se passe dans sa tête. Il entend la véritable histoire de quelqu'un qu'il ne connaît pas et espère maintenant que cet élément de preuve important sera ignoré par le monopole de l'information du pouvoir judiciaire. Le tribunal considérant cette déclaration comme fausse, elle n'est même pas publiée dans la presse. Elle figure dans le dossier « témoins non cités ». *En « gros », ceux qui racontent des conneries.*

Ma déclaration tourne maintenant à l'opposé de l'effet recherché : elle disculpera l'accusé. Le témoin peut disposer ! Mais avant de m'interroger, on m'a bien demandé de dire la vérité, en levant la main droite. Le président de la Cour a probablement pris cela moins au sérieux que moi. Comme je n'ai pas eu l'occasion de dire toute la vérité, j'ai décidé de le faire en écoutant.

On sait par la presse (et c'est confirmé par le tribunal) que Suzanne Viguier était présente dans la maison conjugale le dimanche 27 février 2000, à partir de 4 h 30 du matin, déposée par son petit ami (amant), Olivier Durandet. Déclarer à Norbert Terrasse, le soir entre 18 h et 18 h 15, que « *ma femme a disparu* » équivaudrait à un aveu involontaire de la part de Jacques Viguier qu'il l'aurait tuée. Il n'a pas anticipé ce soir ce qui sera relevé par l'enquête et transmis à la presse écrite.

La défense

Pour le deuxième procès, l'accusé a engagé d'autres Avocats pour le défendre. Son Avocat principal se bat *comme un pitbull.* Il s'est également fixé un objectif légal et sportif, à savoir : d'ici la fin de l'année, sortir 100 condamnés ou personnes à juger ayant été classées « grands criminels ». Cet avocat est un vrai ver de fichier. Il mange le papier et déchiquette les lettres jusqu'à ce que personne ne sache où se trouvent le haut et le bas. Cela ne donne rien pour aider à trouver la vérité et était inutile pour ma demande. Il est au service de son client et n'a qu'à exploiter les failles du dossier.

L'essentiel et non le facultatif

L'affaire ne peut être éclaircie que si on se limite à la période du 27/02/2000 au 29/02/2000. Tout ce qui suit est accessoire et fournit des indices, mais aucune preuve. Au contraire, ce sont des leurres pour nous éloigner de la vérité.

L'agresseur avait fait disparaître le cadavre avant le 1er mars 2000, date à laquelle le rapport de la personne disparue pouvait être déposé en toute sérénité. La presse a créé une chronologie d'une partie de ce qui était connu.

À noter : les écarts de temps du 28 février jusqu'au 1er mars 2000. Le lecteur de ce livre reconnaîtra que, dans la séquence chronologique des événements tels que connus du tribunal, des avocats, de la police et des médias, il y a un décalage temporel du 28/02/2000 au 29/02/2000 inclus : rien ne semblait s'être passé, alors.

L'affaire est en vacances ! Si je puis dire. Un trou béant dans la chronologie des faits.

De plus, après avoir déposé un rapport de disparition à Toulouse, le suspect est revenu à Orgeix le 1er mars 2000 pour repartir seul le 2 mars à 4 heures du matin. Nous remarquons que ces lacunes sont étranges… Je vais les combler.

L'affaire Suzanne Viguier

Chronologie

27 février 2000

8h30 : Jacques Viguier se lève et dit apercevoir la silhouette de son épouse endormie.

12h30 : il déjeune avec ses enfants chez les grands-parents.

10h45 à 11h30 : Il déclare être parti faire un jogging après avoir déposé les enfants chez leurs grands-parents.

En début de soirée, il constate que sa femme n'est plus au domicile.

20h45 : Olivier Durandet, l'amant de Suzanne, très inquiet, appelle J. Viguier.

D.R.

28 février

L'amant se rend chez le couple afin de mener son enquête. Il propose au mari d'alerter la police.

1er mars

J. Viguier **déclare la disparition de sa femme à la police.**

12 jours après la disparition

La police perquisitionne le domicile, trouve des traces de sang des 2 époux et constate que le matelas sur lequel dormait Suzanne a été jeté par le mari.

10 mai

J. Viguier est mis en examen pour assassinat et incarcéré.

15 février 2001

J. Viguier, qui clame son innocence, est remis en liberté.

Avril 2009

J. Viguier est acquitté en 1ère instance.

Mars 2010 **Nouveau procès**

La baby-sitter de la famille affirme s'être rendue 2 jours après la disparition dans la maison des Viguier… et accompagnée de l'amant.

« Faux témoignages »

Le 9 mars 2010, un tollé s'est produit dans la salle d'audience, puis dans les médias. On sait maintenant que le petit ami (amant) de Suzanne Viguier, Olivier Durandet, et la « nounou » ont, non seulement fait le tour de la maison, le mardi après-midi du 29 février 2000, mais aussi entrés à l'intérieur de la maison.

Je n'ai rien trouvé d'anormal et c'est exactement ce qui m'intéressait.

Le corps n'était donc plus dans la maison du 19 rue de Corbière à Toulouse, ce mardi après-midi. L'entrée dans la maison de ces deux personnes n'avait pas été précisée lors de l'audience, un an plus tôt. Or le tribunal avait immédiatement conclu que M. Durandet aurait pu déposer des éléments incriminants pour l'accusé. La cour était prête à faire d'étranges détours.

En effet, si on se positionne dans la situation de l'époque, il faut imaginer que l'idée de meurtre ne pouvait même pas être envisagée. Suzanne n'avait pas contacté M. Durandet depuis deux jours. C'était tout. De plus, avec la présence de la « nounou », qui a dû entrer et sortir de la maison des centaines de fois, ce n'était pas un événement inhabituel. Elle avait sa propre clé de la maison pour remplir les fonctions pour lesquelles elle était employée.

L'accusé coopère parfois

Lors de l'audience du 9 mars 2010, l'accusé a évoqué le hameau montagnard d'Orgeix, dans le département de l'Ariège.

C'était juste après mon témoignage « ridicule » que le Président du tribunal, Jacques Richiardi, a posé la question à l'accusé « D'où provenait cet appel téléphonique de lui vers Norbert Terrasse ? » Visiblement, il n'était pas contesté que cet appel téléphonique était exact. Réponse de l'accusé « L'appel venait d'Orgeix ». Une indication précieuse.

Cette phrase a déclenché mon investigation. C'est finalement l'accusé lui-même qui m'a mis sur la piste. Mais pour le moment, dans la salle d'audience, cette information sur ce village d'Orgeix n'était « qu'intrigante ».

Le lendemain, j'ai fouillé les articles de presse pour trouver le lien entre ce village d'Orgeix et l'affaire Viguier. Le journaliste de la Dépêche du Midi, Jean Cohadon a fixé les faits dans son article.

J'ai pu lire que cette famille y possède une maison secondaire, fait que j'ignorais.

Apparemment, les parents de Jacques Viguier ont amené les trois enfants des Viguier le lundi 28 février 2000 dans ce même village, pour des vacances, Jacques Viguier devant les rejoindre au moins dans l'après-midi du lendemain. Nous comprenons à présent pourquoi il a assuré, le dimanche, à Norbert, qu'il n'aurait pas le temps de déposer un rapport de disparition de son épouse le mardi, parce qu'il en avait été « professionnellement empêché ».

Cependant, il avait eu le temps de conduire dans les montagnes jusqu'à Orgeix. Cela rend méfiant lorsque le rapport de disparition de la femme est moins important qu'un après-midi à la montagne.

Les souffrances de l'accusé

Les principales déclarations récurrentes de l'accusé sont les suivantes : il doit endurer des années de « souffrance » et « le dossier est vide ».

Comment cela doit-il être compris ? Évidemment, pas de la manière dont il veut le transmettre au spectateur, puisqu'il sait exactement ce qui s'est passé. La « souffrance » est que, pendant toutes les années de préparation du procès – que, soit dit en passant, lui et ses avocats ont pu délibérément retarder, afin de briser la sensibilité –, quelqu'un pourrait encore tomber sur la piste de Suzanne.

Comme l'homme condamné à mort dans un État qui fait face à des années d'incertitude quant au moment où son heure viendra, l'accusé souffre ici de l'incertitude de la découverte de Suzanne, jusqu'au moment où l'affaire judiciaire sera définitivement close. Il a besoin que l'affaire soit retardée pour calmer les choses, et en même temps, cette période d'incertitude le ronge de l'intérieur. Mais c'est le prix à payer. Il doit passer par là. Combien de fois, au cours des dernières années, les enfants ont-ils joué dans le pré devant la maison, dans les montagnes d'Orgeix, ne se doutant de rien ? C'est aussi pour ça que le père souffre. Car il est condamné à garder le silence envers ses enfants.

Deux histoires habitent sa poitrine

La vérité, qui ne doit jamais être découverte, et la version officielle, qui est une construction de mensonges et une juste dose de vérité. Pas trop de mensonges pour que sa stratégie ne devienne pas invraisemblable et seulement autant de vérités pouvant être vérifiées par des tiers. Le soupçon, lui, ne dérange pas. En tant que professeur de droit, il le sait, il faut donner un peu de fil à retordre à l'accusation pour qu'elle n'ait pas d'idées stupides et recommence à chercher.

Personne ne pourra jamais retrouver Suzanne

Le dossier ne révèle rien. Ce n'est pas sur papier, ça ne pourra donc jamais l'être, pense-t-il. Il y a quelque chose de mathématique dans un autre aspect de sa logique de l'innocence. L'équation est : 1. Aucune preuve = je suis innocent. 2. Par conséquent : je suis innocent = le dossier est vide. 3. Résultat : le dossier est vide = je suis acquitté.

Eh bien, allons-y pour remplir le dossier. Son importance est illustrée par les conséquences de l'acquittement de l'accusé. Inévitablement, le meurtre devient un facteur économique qui paiera après plus de 10 années. Réparations de l'État français pour les souffrances endurées en garde à vue, écriture de livres sur la police injuste et la justice juste, apparitions à la télévision, talk-shows, rôles principaux dans des films, peut-être même, et n'oublions pas : il continuera à former la future élite d'avocats, former des juges, des médecins légistes, des inspecteurs de police et des journalistes, et même des futurs ministres de la justice, pour assurer la qualité du système judiciaire. En un mot : le bouc sera le jardinier, ici.

On se souvient comment l'ancien dictateur chilien, Augusto Pinochet, a été jugé pour ses actions devant un tribunal européen et après quelques allers-retours, a été relâché. À l'époque, Pinochet apparaissait piteusement comme un vieil homme frêle en fauteuil roulant. De retour au Chili et après avoir été transporté hors de l'avion dans son fauteuil roulant, il en a sauté frais et vif comme une jeune gazelle. Le fauteuil roulant avait atteint son but. Eh bien, maintenant, l'inévitable a également rattrapé ces affreux anciens. Mais qu'est-ce que cela a à voir avec notre cas ? Nous avons remarqué comment l'accusé, à Albi, s'adaptant à la situation, se préparait avec des médicaments. Au fil des années, il avait développé des symptômes de maladie maniaco-dépressive et s'était fait prescrire des médicaments par un médecin. La première semaine, c'était « le défilé des maîtresses ». Puis, il s'est montré comme le coq dans le panier. Alors que les preuves à charge ont été évoquées dès la deuxième semaine de négociations, il était temps de commencer une application discrète de sédatifs. Correctement dosés pour éveiller la sympathie dans la « glande sociale » des échevins, léthargiques et apathiques suspendus au banc, s'exprimant maladroitement lorsqu'on l'interroge sur les poursuites, mais sans blablater sur les psychotropes ivres. Cela a parfaitement fonctionné, comme à Toulouse un an plus tôt. Les médicaments étaient au juriste à Albi ce que le fauteuil roulant était au tueur en série, Pinochet.

Durant les trois semaines de procès devant la cour d'assises d'Albi, l'accusé a parfaitement maîtrisé le déroulement du procès. Le résultat du jury en est la preuve. Ça n'aurait pas pu mieux tourner pour lui.

L'histoire principale

L'hypothèse prend forme

Le 20 mars 2010, l'accusé a été acquitté une deuxième fois, faute de preuves, après de longues et mûres délibérations des jurés non professionnels. Au vu de l'addition écrasante des indices, un « in dubio pro duriore » aurait été plus approprié. Le lendemain, je lis un article de journal de la journaliste Pascale Robert-Diard, qui me plaît beaucoup sur des montagnards de la vallée d'Orlu avec le joli village d'entrée d'Orgeix. Comment se dire des prénoms, se parler de choses et d'autres, de la météo, et tout simplement, se sentir bien dans la nature préservée qui l'entoure, à proximité immédiate de la station thermale d'Ax-les-Thermes.

C'est le point de départ. L'auteur doit avoir amené le corps là où il se sent à l'aise, connaît chaque pierre et chaque chemin, je pense. Où il peut s'appuyer sur les traditions, où il est proche et apprécié. Où il n'attire pas l'attention lorsqu'il traverse les paisibles petits villages qui attendent dans leur sommeil, sur la route de la vallée. Pas Toulouse, mais Orgeix, c'est le nom du lieu magique. Dans le coffre de sa voiture, il a conduit le corps dans la Vallée d'Orlu, le mardi 29 février 2000, pour l'y cacher.

C'est ce que je me dis. C'est l'hypothèse de la disparition du corps de Suzanne Viguier.

Mais où ?

Toute la vallée, avec sa réserve nationale, couvre plusieurs milliers d'hectares de terres, entourées de sommets montagneux atteignant près de 3 000 mètres d'altitude… Une tentative désespérée de vouloir y regarder.

L'aiguille dans la botte de foin

Je me souviens avoir moi-même passé de nombreuses années de ma vie dans les Alpes. Je sais donc qu'avant de s'attaquer au chemin, il faut d'abord réfléchir. Tout d'abord, je prends une photographie aérienne de la région pour avoir une idée de la façon dont la vallée de montagnes est peuplée, du nombre de villages qui s'y trouvent et de leurs emplacements. Où y a-t-il des chemins ? Où mènent-ils ? Dans quel but sont-ils utilisés ? L'Institut Géographique National (IGN) propose des logiciels informatiques permettant de visualiser le territoire français par satellite. D'après la photo aérienne, je vois immédiatement : les villages d'Orgeix et d'Orlu, proches les uns des autres, ont été disposés sur le versant ensoleillé de la vallée, comme il est naturel, afin de capter le plus possible les biens précieux, la lumière et la chaleur.

On remarque immédiatement qu'il n'y a que quelques chemins secondaires qui mènent aux flancs de la montagne. Pour être précis, il y en a deux. Le premier chemin carrossable mène d'Orgeix dans une forêt exploitée au sud, avec un versant nord et il est bien visible du village en hiver. On peut emprunter ce chemin, soit par l'ancien pont étroit et en pierre du village sur l'Oriège, soit, plus en amont, par le nouveau pont destiné aux bûcherons, avec leurs machines.

Pour accéder à la deuxième possibilité, suivre la route de la vallée traversant Orgeix et Orlu. À la sortie du village d'Orlu, un sentier de montagnes bifurque vers le nord en versant sud. Sur la carte est indiqué « Costa de Soula » (le versant au soleil). Ce chemin passe par le col de l'Osque dans une vallée voisine du village de montagnes et la station de sports d'hiver d'Ascou.

F1 – La Vallée d'Orlu avec les deux sentiers de montagne

Départ en Ariège

Le dimanche 21 mars 2010 au soir, je compte partir à la recherche de la dépouille de Suzanne Viguier. Comme toutes sortes de travaux de routine doivent encore être effectués à la ferme, je ne peux commencer le voyage vers la vallée d'Orlu que le lundi matin 22 mars 2010 à 11 h 30. Muni d'un appareil photo Panasonic DMC-TZ4 et d'une photographie aérienne, j'atteins la ville thermale d'Ax-les-Thermes. En suivant la route principale d'Andorre, une route étroite bifurque à gauche, juste au-dessus du village. Le panneau indique Orgeix et Orlu.

La tension augmente. Je suis concentré et je ne veux pas laisser échapper inconsciemment la première impression que me fait le paysage. C'est encore l'hiver ici, dans la vallée. Bien que, trois semaines après le 29 février, la végétation devrait être à peu près au même stade. Les feuilles sont encore absentes des feuillus. On peut voir profondément dans la forêt. La voiture gravit lentement la marche raide pour atteindre le réservoir d'eau qui se trouve devant le village d'Orgeix. Une étroite vallée en forme de V, creusée par le glacier, monte vers le sommet déchiqueté de la « Dent d'Orlu ». Et bientôt Orgeix est atteint. La plupart des maisons ont les volets fermés. À première vue, je peux constater que les gens ne vivent pas ici toute l'année. Peu de temps après, le vieux pont voûté du village apparaît. Deux montagnards âgés discutent et s'étonnent de qui ose grimper vers ici à cette période de l'année. « Sur une route de montagne aussi étroite, aucun visiteur n'échappe à l'œil local », je me dis.

Ce serait trop voyant si je tournais sur la route forestière en face d'Orgeix. Je veux d'abord essayer plus en amont.

Chien pisteur 1

Je me faufile devant Orlu sans me faire remarquer. À la sortie du village, le chemin de montagne visible sur la photo aérienne tourne à gauche. Je laisse la voiture au bord de la rivière. Un panneau bien visible indique le chemin de randonnée. Il s'appelle « Chemin de la Coste » et mène par le Col de l'Osque (1 404 m) dans la Vallée de Lauze, par laquelle le village de montagne d'Ascou peut être atteint.

En 1965, il fut élargi au belvédère du Pujol de Nicoul (Informations : Célestin Maffre). Le chemin est assez large pour être praticable. Un panneau d'interdiction indique que les personnes non autorisées n'ont pas de droit de passage en voiture. Pour les randonneurs, il peut servir de variante au GR7.

Après quelques mètres de montée, on remarque que le flanc de la montagne est sillonné de terrasses autrefois cultivées. Un grand nombre de morceaux de granit et de gneiss existants ont été empilés à ce moment-là sur la pente pour former des murs en pierres sèches et les zones horizontales, qui se sont élevées entre les deux jusqu'au mur supérieur suivant, ont été remplies de terre, et certainement cultivées de seigle, de pommes de terre et autres grandes cultures.

La forêt mixte a reconquis le territoire et protège bien le village des avalanches de neige, en hiver, qui peuvent provenir des pentes abruptes de la Coste de Soula. À en juger par la taille et l'âge des arbres, cette culture en terrasse a dû être abandonnée il y a 80 à 90 ans. Les arbres et arbustes suivants dominent. Cerisiers sauvages, bouleaux, noisetiers, saules, érables, aulnes et frênes. Fougères et ronces forment le sous-bois.

Les arbres n'ont pas encore commencé à sortir leurs bourgeons. Les fougères sont pliées et mortes, plaquées au sol par la neige d'hiver. Il est étonnant que cette partie inférieure de la montagne soit tout à fait accessible à pied et nettoyée de la broussaille. Vraisemblablement, un petit nombre de bétails reste ici à un certain moment au printemps et en automne, ce qui permet de maintenir l'équilibre de la couverture végétale.

Le duo Orlu et Orgeix

Ce n'est pas pour rien que les pires catastrophes d'avalanches dans la vallée ont été enregistrées au XIXe siècle, lorsque l'activité agricole et l'élevage étaient à leur apogée et la population plus nombreuse. Le couvert végétal était fragilisé par la surexploitation et le versant sud escarpé au-dessus du village était dépourvu d'arbres, freinant les obstacles. Il est devenu toboggan. La première avalanche grave s'est produite en 1840. Heureusement, il n'y a pas eu de victimes. La population grandissait toujours. Les montagnards voulaient défier la nature diabolique et croyaient au pouvoir de la conjuration. C'est l'avalanche du 3 janvier 1895 qui a fait 15 morts à Orlu, enseveli 4 maisons, 12 dépendances et 240 têtes de bétail. La rude vallée montagneuse devait nourrir trop de bouches. La vie consommait deux fois.

On n'est pas devenu vieux dans le Val d'Orlu. 38 ans en moyenne. C'est ainsi que vécut Suzanne Viguier.

Mais les villageois ont retenu la leçon. En quelques années, beaucoup d'entre eux ont migré de la vallée. Les garçons sont devenus policiers et collecteurs d'impôts, fonctionnaires et avocats.

Chien pisteur 2

J'examine pierre par pierre et j'évalue s'il pourrait y avoir une tombe en dessous. Les terrasses profondes riches en humus ont été fouillées à la recherche de petites dépressions, sous lesquelles un squelette pourrait être suspecté. Mais tout est plat. Le terrain devient plus raide et infranchissable.

Le meurtrier n'aurait pas pu porter le corps en amont. Il aura pris le chemin de moindre résistance. Je m'habitue à toujours n'examiner que le côté « vallée ». Au virage suivant, le versant précédent entre automatiquement en jeu. De cette façon, toute la zone qui a été couverte est systématiquement inspectée. Les lacets s'arrêtent soudainement et le chemin coupe à travers le versant de la montagne, montant hors de la vallée. La distance sur laquelle je peux encore tout voir mesure environ 50 mètres de large. Je ne progresse que très lentement. La fin de cette longue ligne droite est en vue.

Dans une courbe à 180°, le chemin carrossable maîtrise ce versant sud, la « Coste du Soula » en direction du Col de l'Osque. À peine à 50 m de ce virage du chemin, j'aperçois soudainement quelque chose, à 15 m en contrebas du chemin.

Chanceux comme Watson & Crick

D'en haut, ça ressemble à un sac poubelle noir. À côté des rochers, qui résultent de la construction du chemin, il colle bien à plat au sol. Bizarre, je n'ai pas trouvé de détritus pendant toute la montée. Bizarre qu'il y ait à 1050 mètres d'altitude et à 200 mètres au-dessus du village, un sac plastique en terrain inaccessible. Je descends prudemment dans une vieille empreinte peu profonde. Deux vieux cerisiers sauvages veillent sur le site, des noisetiers communs (corylus avellana) de quelques mètres de haut et les buissons de sureau sont les plantes pionnières du lieu. Les « chatons » mâles des noisetiers pendent au bout des branches, attendant l'arrivée du printemps. Les rochers ont enterré la petite terrasse de culture.

Je cherche attentivement l'ouverture supérieure du sac. Il n'est pas lié. Il a quelques trous de tailles variables, mais n'est pas déchiré, comme il l'aurait été s'il avait été traîné à travers le fourré. J'ouvre le sac et je suis surpris : à l'intérieur, au milieu d'un « sédiment » humide, se trouvent trois côtes. Deux petites et une plus grande. Deux petits fragments de côtes apparaissent également. Ils sont fendus dans le sens de la longueur. Enfin, je déterre un fragment de vertèbre, plus profond dans le substrat sombre. Il est immédiatement clair pour moi que ce sont des côtes. Avant même qu'une première évaluation ne soit faite, une logique mathématique suggère qu'il doit s'agir d'ossements humains. À savoir, ceux de Suzanne Viguier ? Je me sens comme James Watson et Francis Crick lorsqu'ils ont accidentellement découvert ce qu'ils appellent « l'acide désoxyribonucléique », en 1953. C'est la fameuse aiguille dans une botte de foin.

F2 – les cotes flottantes du site de la découverte
Le sac perforé contenant les côtes

10 ans et 22 jours – une éternité

Il est totalement impossible que le sac poubelle, aux dimensions de 63 cm x 30 cm, et d'un volume d'environ 40 litres, ait été jeté de la voirie. Il aurait inévitablement été pris dans les branches et les sous-bois, en contrebas. Mais, dans cette nature intacte, qui prend la peine de hisser un sac poubelle de cette taille sur la montagne, avec quelques restes de grillade, pour ensuite le cacher entre des rochers, en accrochant buissons et arbres avec beaucoup d'efforts physiques ? Le sac poubelle ne contient pas non plus d'articles de pique-nique habituels, tels que le papier d'aluminium, les couteaux, les fourchettes, les tasses et autres. Je cherche depuis un peu plus d'une heure. S'il s'agit des ossements du squelette de Suzanne Viguier, je me dis : alors l'éternité, qui a commencé pour elle le dimanche 27 février 2000, aurait duré dix ans et vingt-deux jours. Et les centaines d'articles de journaux qui doivent tous commencer par « … dont le corps n'a jamais été retrouvé… » peuvent enfin résoudre l'insupportable mystère et confirmer : « … dont une partie du squelette a été retrouvé le 22 mars 2010 à 14 h 5. »

F3 – Le lieu avec le sac poubelle scotché au sol entre les rochers

L’inspecteur Saby avait presque révélé l’énigme

En mars 2000, le commissaire Robert Saby a perquisitionné la résidence secondaire des Viguier, en présence du suspect. Une conversation téléphonique avec la mère de l’accusé, enregistrée et rediffusée lors du procès du 16 mars 2010, en témoigne.

L’inspecteur ignorait qu’il n’était qu’à quelques centaines de pas de la morte. S’il avait fouillé la montagne au-dessus d’Orgeix avec un chien renifleur, « l’affaire Viguier » n’existerait pas aujourd’hui. Mais il ne pouvait pas le savoir. Il a dû faire face à un adversaire extrêmement insidieux qui a utilisé ses connaissances juridiques pour détourner l’attention du bon ferry.

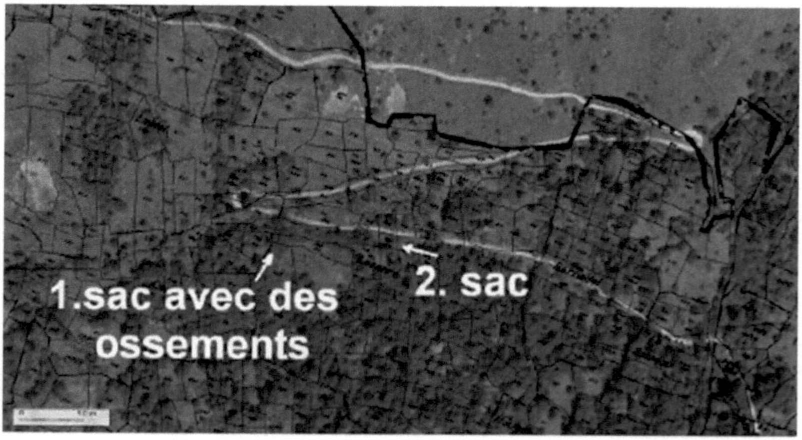

F4 – le site cartographié

L’avis de Serge Regourd, le superviseur du prévenu à la faculté de Droit

Serge Regourd est le patron du suspect à la faculté de Droit de Toulouse. Il est aussi son ami de longue date et une personne naïve. Ces deux qualités le prédestinaient à servir d’alibi. Serge défendra l’accusé bec et ongles. Son argument : « Puisque l’accusé est son ami, il est impossible qu'il puisse être l'auteur. » Dans l'après-midi du 27 février 2000, son ami crie depuis le téléphone portable de Serge – il vient de skier dans une station des Pyrénées – « Elle (c'est-à-dire Suzanne) n'est pas encore rentrée ». Bien sûr, le naïf ne savait pas, au milieu de ces montagnes, qu'elle n'était pas partie du tout, mais devait théoriquement encore dormir, puisqu'elle n'était rentrée chez elle que vers 4 h 30 du matin, le 27 février, et (très probablement) était allée se coucher. Pourquoi très probablement ? Selon les déclarations de l'accusé, ce dernier prétend n'avoir reconnu qu'une « forme » humaine allongée dans le lit de la disparue. La cour l'a « acheté » sans un murmure.

Analyse morphologique des côtes et des fragments d'os

Mais d'abord, il est nécessaire de photographier les ossements et d'examiner l'ostéologie de leurs propriétés spécifiques. Les conditions d'éclairage ne sont pas particulièrement favorables et la pluie est imminente, en raison des nuages qui dérivent vers le bas. Je pense au nombre d'os qu'un humain possède : environ 206, soit un soixante-dixième (1:70 e) d'un squelette humain. Les deux petites pointes de 5,5 cm de long ne sont-elles pas les deux dernières côtes flottantes N° 12 d'un thorax humain ? Elles sont assez droites (la neige pèse durant les 9 hivers et avec l'humidité, la courbure s'aplatit), de forme identique, et pourraient bien appartenir à une femme. Elles n'ont pas de tubercle, ce qui est typique pour des « côtes flottantes ».

La plus grande des trois côtes mesure 15,3 cm de long et 1,5 cm de large, à son endroit du corps costal le plus large. La tête de côte (caput costae) est légèrement ovale et dépourvue de crête (cresta costae), divisant l'articulation en deux facettes. Elle ne possède donc qu'une seule face à la tête costale. Toutes les côtes, de la 2e à la 10e, ont cette crête. Les côtes 11 et 12, dites « côtes de chair » ou « côtes flottantes », se terminent librement dans la musculature, par une courte pointe cartilagineuse et ne s'articulent avec leur contrepartie vertébrale associée qu'avec une seule face. Cette côte n'a pas non plus de tuberculum (comme ses deux sœurs se ci-dessous) ni de cou costal (collum costae). Il manque également l'angle (angulus costae). À partir du milieu, commence un canal vasculaire peu profond, la gouttière costale (sulcus costae), qui est perforée par de petits foramina (qui apparaissent en pointes noires), des canaux fournissant du sang à l'os. Ce sillon longe toujours le dessous d'une côte humaine, se terminant légèrement vers l'intérieur, c'est pourquoi il s'agit d'une côte gauche. De plus et pour se protéger contre les blessures –, les voies vasculaires et nerveuses courent, non seulement dans leur renflement, mais aussi du côté ventral. Ceci est en contraste avec les animaux. Par exemple, s'il s'agissait d'une côte de chèvre ou de mouton, elle aurait une bosse de côte, ce qui n'est pas le cas. Une autre distinction importante : La gouttière costale de toutes les espèces d'animaux se situe derrière chaque côte et non devant, comme c'est le cas chez l'être humain.

La plus grande des côtes présente-t-elle des fractures post-mortem ?

Trois fractures sur la « grande » côte soulèvent des questions.

La plus grande des côtes présente deux fractures classiques. Près de la tête de la côte, il y a une fracture triangulaire particulière au bord inférieur le plus faible. De la même manière, il y a une autre fracture presque verticale du bord supérieur, zigzagant également et vers le bas, au premier tiers du corps costal.

Cette fissure apparaît plus marquée à l'arrière de la côte, car la fissure ouverte est là, tandis que l'avant de la fissure a subi une compression. Le tiers extérieur de la côte apparaît toujours courbé, tandis que la partie inférieure a été aplatie sous le poids de la neige et de l'humidité. Il faut dire que les côtes ont une grande élasticité, en raison de leur fonction d'élévation et d'abaissement du thorax, dans leur structure interne, en tant « qu'os plats ». Ils conservent cette stabilité, même après la mort.

Il est très étrange que les deux déchirures transversales se soient produites à la fois sur l'abdomen et sur le dos. Par conséquent, on peut conclure qu'une attaque grave contre la victime a eu lieu avant la mort, lui provoquant des blessures importantes. L'agresseur a peut-être surpris sa victime alors qu'elle dormait. Évitant soigneusement les témoins, il a attendu que les trois enfants du couple soient récupérés par leurs grands-parents, le dimanche 27 février 2000 à 10 h 30. Suzanne dormait et n'était pas couchée sur le dos, mais sur le côté droit. C'est ainsi que s'expliquent les fractures de la côte, qui dénotent beaucoup de violence. La femme n'avait pas la moindre chance de se défendre si elle avait pu se réveiller. Son souffle a été complètement coupé par sa poitrine défoncée. Dans cet état, l'agresseur avait dû décider de la tuer de sang-froid. Le procureur avait, au cours des 10 dernières années, supposé que la mort de Suzanne Viguier résultait d'une dispute conjugale, à la suite de laquelle le décès avait été involontaire et accidentel.

Ce n'est évidemment pas le cas, comme on peut le lire sur les traces dans l'os. Elle a été victime, non pas d'un homicide involontaire, mais d'un meurtre, même s'il ne faisait l'objet que d'une planification à court terme. Il est presque impossible que toutes les fissures et démolitions se soient produites après la mort. L'agresseur aurait dû marteler la côte dans tous les sens.

Mais il y a cette troisième fracture, je dirais plutôt une « cassure », au bord supérieur du corps costal et presque horizontal, ou oblique. Ce qui est étrange, c'est la ligne de la fracture qui est « lisse » et ne zigzague pas, en suivant les « lamelles spongiques », lesquelles se situent à l'intérieur de la côte.

Il m'a fallu huit années pour comprendre l'origine de cette fracture étrange. Je m'explique dans la Partie II de ce rapport d'investigation.

Pourquoi ici et pas ailleurs

Je me demande pourquoi l'agresseur a caché le corps ici. En fait, cet endroit était idéal. Tout d'abord, à quelques pas au-dessus de l'étroit chemin de montagne, il y a une grande courbe dans laquelle le meurtrier peut tourner et garer son véhicule. Il y a assez d'espace pour faire sortir le cadavre de la voiture. De plus, le « parking » n'est pas visible depuis le village. Les arbres masquent la vue. Il est tout à fait possible de contrôler ce qui se passe dans la vallée. S'il arrive que quelqu'un monte vers ici, l'agresseur a suffisamment le temps de contrecarrer son travail. Juste au bord du virage, se trouve une source dont l'eau claire et fraîche, qui peut être utilisée pour se laver des inévitables traces de sang.

Dans le vrai sens du terme, le tueur « se lavera les mains eun toute innocence », ici. Une serviette apportée servira à sécher ses mains. Plus tard, en mars 2000, elle est examinée par la police judiciaire l'ayant récupérée dans le coffre de sa voiture. Le sang analysé est attribué à Suzanne Viguier. Selon les déclarations de l'accusé, il « devrait provenir d'un travail de coupe de bois ».

La police judiciaire doit être prévenue

En raison du temps pluvieux qui approche et du risque de perdre la trouvaille, en raison d'événements imprévus, je décide de récupérer les os et les mettre dans un endroit abrité et sec. Je fixe le sac poubelle sur place avec des pierres et marque l'endroit, au cas où la police voudrait enquêter. La récupération du sac pourrait entraîner la perte du contenu restant, car aucun conteneur de taille appropriée n'est disponible. Je note le lieu de la découverte sur la carte que j'ai apportée. À l'aide du plan cadastral, il pourra être déterminé ultérieurement que les restes osseux se trouvent dans ce secteur d'Orlu.

« Jack l’éventreur »

En examinant de plus près les côtes et les fragments d’os, on remarque que le fragment vertébral a une ligne de division lisse à travers le corps vertébral. Un processus transverse est clairement visible. Entre lui et le côté opposé, le corps de vertèbre, il y a une petite cuvette au milieu de laquelle un foramen d’un diamètre d’environ 1 millimètre mène à l’intérieur de la vertèbre. À contre-jour, les travées spongieuses de la structure médullaire sont visibles. Cette ligne de séparation nette à travers la vertèbre indique qu’elle a été travaillée avec une hache ou un objet similaire. Le corps a dû être démembré ici, dans les montagnes. Selon toute vraisemblance, le sac poubelle contenait, à l’origine, au moins le thorax de la morte. Il devrait donc y avoir plus de sacs dans les environs immédiats. La zone doit être à nouveau « peignée ».

Loup hurlant

Lors de la descente dans la vallée, le hurlement d’un loup, depuis l’enclos au milieu de la vallée à l’ancienne forge, pénètre dans l’épais brouillard qui enveloppe le flanc de la montagne. Un refuge de loups se trouve au fond de la vallée.

Une atmosphère inquiétante et frissonnante se répand. Le dernier loup sauvage a été tué dans la Vallée d’Orlu, en 1870.

127 ans plus tard, des amoureux de la nature y installent une réserve pour le concurrent alimentaire d’alors. Gardant son museau près de la solide clôture en treillis galvanisé de son territoire artificiel, le vieux loup canadien renifle la douce brise qui souffle dans la vallée. En tant que loup adulte, il a été grièvement blessé par un fer à col de cygne dans les forêts nord-américaines, il y a de nombreuses années, et a été secouru par des amoureux de la nature.

C'est ainsi qu'il est arrivé en France, au nord de la péninsule ibérique, dans les Pyrénées. Sa nouvelle demeure serait le sanctuaire des loups d'Orlu. Il était le seul parmi la meute à avoir appris à chasser des proies et à s'affamer jusqu'à ce que sa vitesse, sa morsure et sa dangerosité atteignent leur maximum. Il savait flairer et repérer une carcasse à 20 kilomètres.

Aujourd'hui, 29 février 2000, Loup se souvient de quelque chose. Une molécule chatouille le centre olfactif de son cerveau de loup. C'est très clair et ne s'estompe pas. Il se souvenait de cette même odeur, lorsqu'il vivait encore au Canada. Une fois, à Keele Peak, dans les Monts Mackenzie, lui et sa meute ont capté cette odeur et l'ont suivie jusqu'à ce qu'ils tombent sur le corps d'un trappeur. Il s'était pris le pied dans l'un de ces pièges dangereux. C'était peut-être même celui qu'il s'était lui-même fixé. Mais cela ne lui a pas coûté la vie. Car il a probablement perdu l'équilibre dans cet accident et s'est cogné la tête directement sur la plaque d'un second fer qui, par sécurité, avait été tendu à un mètre de distance, afin d'augmenter le taux de rattrapage. Ce choc lui brisa le cou. Loup et sa meute ont gardé leurs distances. Ils se ne sentaient pas à l'aise. Un mélange de différentes odeurs entourait cette proie facile. Ça sentait ce qu'ils visaient. Mais une autre odeur les troublait. Chaque fois qu'une forte détonation retentissait à travers les montagnes, une vapeur mordante atteignait le nez de Loup, peu de temps après. Et c'est exactement ce que ça sentait dans la poche de la veste de la bouffe. Il se souvenait de cette odeur avec quelque chose de négatif. Alors lui et ses amis ont préféré garder leurs pattes à l'écart.

De l'autre côté de la clôture, ici, dans les Pyrénées, il ne pouvait pourtant pas voir cette sulfureuse. C'est pourquoi il a continué à s'intéresser à ce doux parfum. Les gens étaient toujours restés un mystère pour lui. Certains cherchaient sa fourrure, d'autres voulaient le sauver, d'autres encore le nourrissaient régulièrement de têtes de poulets.

Drôles de camarades. Ils n'ont jamais pris leur juste part. Ce devait être un être supérieur auquel il avait affaire. Celui qui est divisé, divisé au sein de sa propre espèce. Certains veulent le contraire de l'autre. Le droit combat le mal. Et il est imprévisible que le bon l'emporte. Eux, les loups, étaient bien plus prévisibles. Ils ne veulent jamais qu'une chose, chasser et manger, et les règles du jeu sont toujours les mêmes pour tous les loups du monde et à travers toutes les époques. Même si le Sibérien laisse vibrer un petit trémolo sur les cordes vocales dans son hurlement, Loup, le Canadien, le comprend sans effort. Ils ont le même avis. Depuis des lustres, ils suivent les mêmes règles du jeu qui se sont révélées essentielles à la survie.

Héritées des louves aux filles via l'acide désoxyribonucléique mitochondrial, ces règles du jeu ne changent pas. Ce sont elles qui maintiennent, son monde ensemble, en son cœur. L'homme, soucieux de son avantage personnel, change les règles du jeu dès que cela semble à sa portée. Il vit dans le mensonge. Le football devient handball, le meurtre devient récompense. Loup pense que les humains n'ont pas d'odorat fiable. Ils ne sentent pas bon. Ils étaient un creuset de loups, ici, dans l'enclos. Les collègues des Abruzzes avaient toujours été nourris avec des têtes de poulets. Ils ne sont pas venus de la nature. Peut-être qu'ils n'ont pas senti ce que Loup sentait. Ou ils s'en fichaient. Les mâles sibériens n'étaient pas à la hauteur de leur nom et étaient de vrais faibles.

Ils n'ont pas supporté le froid glacial ni la chaleur étouffante du bassin du Val d'Orlu. Au lieu de cela, ils ont continué à courir après les louves des Abruzzes, toute la journée. Cependant, on doit leur donner cela : ils avaient des manières de table. Quelques jours plus tard, il était temps. Tout le monde dans la meute, même ceux qui avaient la gale autour des crocs, sentaient le rôti. La salive coulait le long des gueules sur le sol humide de la forêt, qui était recouvert d'une épaisse couche d'aiguilles de pin, et s'infiltrait dans le substrat moisi. Tard dans la soirée, lorsque la rosée humidifia le sol et que le merveilleux parfum se glissa horizontalement dans les narines, la meute hurla dans la direction où la clôture les empêchait d'explorer. Elle s'est habituée à cette grande orgie quotidienne appétissante dans la cuisine. Mais peu à peu, le buffet est devenu de plus en plus froid. Seul le loup du Canada était capable de renifler l'odeur familière pendant neuf mois, si la direction du vent et la température de l'air étaient en symbiose favorable. Au printemps suivant, lorsque la neige avait fondu, Loup ne trouvait plus rien non plus. Il en gardait un bon souvenir, dont il n'a jamais été autorisé à connaître le secret. De l'autre côté de sa clôture, cependant, un concurrent alimentaire est libre de se promener : il s'agit de Maître Petz. Les années 1999 et 2000 ont été marquées par des débats passionnants et des manifestations anti-ours. Étant donné que la population d'ours omnivores dans les Pyrénées est en déclin constant depuis de nombreuses années, les autorités de conservation ont prévu de déplacer quelques ours d'autres parties de l'Europe. Aucun ours n'a été aperçu dans la Vallée d'Orlu depuis 1939.

60 ans plus tard, la brève interruption d'un habitat millénaire de l'ours devait être symboliquement restaurée par l'homme. L'agresseur et chasseur de gros gibier voulait-il que les ours d'origine slovène, « Boutxy et Caramelles », trouvent et mangent les parties du corps ? Boutxy, quatre ans, aurait été aperçu au-dessus d'Orlu, cet été 2000. S'est-il aventuré si près du village ? Le crime contre Suzanne Viguier était meurtrier à trois égards : outre le meurtre lui-même, le démembrement du corps et la dissimulation des parties du corps parmi les rochers à flanc de montagne, au-dessus d'Orlu, il y a une autre dimension au crime, à savoir, la mise en danger de la vie humaine, en général. Si un ours avait mangé le cadavre et avait ainsi appris le goût de la chair humaine, le timide omnivore serait devenu dangereux pour la population, parce que l'odeur l'aurait attiré irrésistiblement. Comme les ours n'attaquent pas les humains dans les Pyrénées-Orientales, il est peu probable que les restes de Suzanne Viguier aient servi de nourriture à l'un des ours de la région.

Le paradoxe de l'extinction du lynx en 1807, du loup en 1870 et de l'ours en 1939, est qu'à l'époque où ces concurrents pour la nourriture causaient les plus grandes difficultés aux montagnards d'Orlu, l'élevage ovin, caprin, bovin, les chevaux et les ânes, était à son apogée. Après l'élimination des prédateurs, le nombre de têtes de bétail a également considérablement diminué !

Certes, de nouveaux droits de propriété, généreusement accordés par les « Seigneurs de Foix », jouent un rôle, ici aussi. Cela a progressivement remplacé le système social féodal. Au lieu de cela, il y avait un droit de propriété individuelle, le premier pas vers la démocratie. L'euphorie s'est répandue et, comme déjà mentionné, s'est traduite par une augmentation rapide du nombre d'habitants et de l'activité agricole au cours de la première moitié du XIXe siècle.

Mais le revers de la médaille est devenu visible au cours des décennies à venir. Il suivait une forme de surexploitation de la nature, l'épidémie de choléra suit, conséquence d'une hygiène insuffisante, une forte population et deux avalanches dans le village.

Coïncidence ou non, la disparition des grands carnivores de la vallée d'Orlu et le déclin de l'agriculture de montagne sont allés de pair.

A-t-on encore le droit de trouver Suzanne ?

Quel outrage de se permettre de songer à remettre en cause la décision du jury et pourtant, de rechercher la personne disparue à un endroit bien précis, et avec une hypothèse bien définie du coupable.

Est-ce qu'une personne privée a encore le droit de chercher le corps de Suzanne ?

Sans cette hypothèse, pour laquelle l'accusé m'a lui-même tendu la perche lors de l'audience le 9 mars 2010, retrouver Suzanne Viguier est impossible. Ce qui est certain, c'est que cette affaire de meurtre et ces années d'enlèvement sont extraordinaires. Et la méthodologie utilisée pour la résoudre l'est tout autant. Le ministère de l'Intérieur recherche actuellement 55 majeurs (les chiffres datent d'avril 2010), dont 12 personnes, également portées disparues depuis plus de 10 ans.

Au moment de mettre sous presse, Suzanne Viguier ne figure pas sur cette liste. Comment cela doit-il être interprété ? L'affaire la plus spectaculaire et la plus médiatique de France des 50 dernières années n'a pas de catégorie pour Suzanne Viguier. Son corps n'a jamais été retrouvé. Il n'y a aucune preuve qu'elle soit censée être morte. Elle n'est pas non plus sur la liste des personnes recherchées. Diverses questions se posent. Pourquoi n'est-elle pas sur la liste ? Peut-elle être trouvée ? Comment la police criminelle réagira-t-elle lorsqu'elle verra les ossements et entendra l'affirmation selon laquelle ils sont d'origine humaine ? Le lendemain matin, 23 mars 2010, j'ai contacté la police judiciaire de Toulouse. Elle est responsable de la région Midi-Pyrénées. Le département de l'Ariège fait partie de cette région. Un rendez-vous est fixé avec le capitaine Christophe Miette, à 14 h. À mon arrivée, il s'empresse de souligner qu'il ne connaît rien en anatomie humaine. Alors, nous emmenons immédiatement les ossements au service médico-légal du CHU de Rangueil. Là, on nous déclare qu'un rapport ne sera pas disponible avant 3 semaines. Les policiers s'impatientent et font pression. De retour à la préfecture de police, nous rédigeons un procès-verbal de la découverte. Ce rapport est signé par moi. Je ne reçois pas de copie. Deux jours plus tard, Il m'est à nouveau demandé de venir au présidium.

Là, le capitaine Miette me remet le rapport du médecin légiste, le Dr David Gainza, pour lecture.

Cela a finalement été plus rapide qu'annoncé. Après lecture du rapport, je peux affirmer ce qui suit : le rapport est basé sur une première analyse visuelle externe. « On note que les os n'ont pas été exposés à la lumière et ne sont donc pas blanchis. »

Ils ont également été exposés à l'humidité. L'extrémité ventrale de la plus grande côte est légèrement renflée. Le fragment en forme de cube au bord lisse, qui laisse apparaître les lamelles spongieuses, est classé par l'expert comme ayant été scié. Le médecin identifie le processus transverse, facilement visible avec son point de contact, pour une côte comme faisant partie d'un os vertébral. Les deux petits os pointus sont reconnus comme des côtes flottantes. Dans le contexte, il est clair que le troisième os, le plus grand, est une côte, sans faire davantage de description de cet os. Cependant, sans entrer dans les particularités de ces côtes, le médecin légiste mandaté fait le bilan final : « ... *il s'agit d'un animal de petite taille n'ayant pas atteint l'âge adulte* ». (citation)

Le médecin légiste réalise, dans sa conclusion incohérente, un grand-écart, sans donner aucune explication, en attribuant les côtes à un petit animal juvénile. Il écrit clairement que les petites côtes sont des côtes flottantes, sans se prononcer sur la plus grande.

Ce qui est également étrange est le fait qu'il ne sait pas dire quel animal il vise. En effet, les côtes entre espèces se distinguent : Chèvre n'est pas mouton, n'est pas chien, ni lièvre...

Le médecin légiste se « facilite la vie » en pensant pouvoir attribuer les côtes flottantes à un animal. Ne sait-il pas qu'aucune espèce animale ne possède des côtes flottantes ? C'est une particularité humaine.

Au cours de l'établissement du manuscrit, en avril 2010, je me rendais chez un vétérinaire et lui posais la question suivante : où est située la gouttière costale, chez un animal ? La prompte réponse a été « Derrière chaque côte ».

Voilà une distinction fondamentale entre l'être humain et l'animal. Chez l'être humain, la gouttière costale est située devant chaque côte et en bas de celle-ci, donc, à l'opposé de chaque espèce d'animal.

Dans le bureau de la police judiciaire, il m'a été demandé de donner mon avis. En grande partie, l'expert a vu la même chose que moi : seules les côtes flottantes ont des caractéristiques typiques des côtes flottantes (donc humaines). Et : Le point de séparation du fragment de vertèbre est trop lisse pour être dû à des marques de scie. Ce devait être un objet aiguisé qui a coupé. De plus, la vertèbre a subi une fracture sous la force du coup. En conséquence, le fragment a cédé dans le sens du mouvement d'impact produit.

Le rapport suggère que la possibilité que les os puissent appartenir à un être humain serait trop gênante et entraînerait inévitablement de longues recherches, il est donc plus opportun d'attribuer les os à un animal, afin qu'ils puissent être incinérés dans un avenir prévisible. Cela montre à quel point la probabilité que les os soient brûlés dans l'incinérateur municipal est élevée.

L'article de journal suivant, publié dans « La Dépêche du Midi », le 19 avril 2009 : (Extrait de l'article)

« Le portefeuille de la disparue. Le 13 mars, deux semaines après la disparition de Suzy, un anonyme ramène aux services des objets trouvés le portefeuille de la disparue. À l'intérieur, sa carte d'identité, son permis de conduit et la carte d'une grande enseigne de la distribution. Qui a ramené le portfolio de Suzy ? Où a-t-il été découvert ? Les questions incontournables dans ce dossier et pourtant, pas de réponse. La police a été prévenue très tardivement par le service des objets trouvés et les recherches ont été peu poussées. Cette pièce importante n'a même pas été placée sous scellés ! Elle a fini en cendres dans l'incinérateur municipal en 2004 ! Le rapport indique que le sac à main de la disparue a été retrouvé 2 semaines plus tard, le 13 mars 2000, et remis au bureau des objets trouvés. La police a reçu la nouvelle tardivement et aucune enquête particulière n'a été menée. Cette bourse contenant carte d'identité et permis de conduire a ensuite été brûlée en 2004 ! »

Ma découverte osseuse aussi. Ce verdict du médecin légiste prive la police judiciaire de toute possibilité d'obtenir l'autorisation du procureur de la République de procéder de toute urgence à une nouvelle collecte de preuves. Elle n'ira donc pas sur place pour récupérer le sac poubelle. Une déclaration claire du lieutenant responsable le confirme. Moins savante de l'affaire, la machinerie de la hiérarchie de l'appareil judiciaire se comporte exactement comme avant. Le temps n'a pas d'importance, à moins qu'il ne serve à contribuer à l'érosion de la loi et de l'ordre.

Certes frustré, je dois réaliser que je suis encore seul dans cette investigation qui a bien commencé. Je peux maintenant assembler le puzzle sans aucun problème, mais comme mes compétences de citoyen n'ont rien à voir avec le pouvoir judiciaire, la seule option qui reste dans l'État démocratique français est de s'engager sur la voie de la liberté d'expression.

Cela signifie impliquer les médias dans l'affaire. L'acquittement à Albi signifie que l'ancien accusé ne peut plus être associé à un meurtre.

L'incertitude se répand

Comment prouver scientifiquement qu'il s'agit de côtes humaines ou animales ? Certes, l'analyse de l'ADN est un moyen de percer le mystère avec une certitude absolue. Je veux d'abord comparer les côtes de différents animaux avec les ossements disponibles. C'est dans mes possibilités. Il y a des côtes de porc et de chèvre, à portée de main. Il existe une correspondance étonnante entre la structure médullaire des côtes de chèvre et la trouvaille, tandis que la structure d'une côte de porc ne présente aucune ressemblance avec l'objet comparatif. Cependant, la différence d'habitus entre les deux dernières paires de côtes de chèvre et les côtes de comparaison est fondamentale.

Il est particulièrement frappant de constater que l'avant-dernière côte de chèvre est garnie d'un tubercle. Donc ça ne peut pas être une côte flottante. Elle est bien fixée sur 3 points, les deux faces de la tête costale et le tubercle.

Retour sur le lieu de la découverte

Le capitaine Miette m'informe que la police judiciaire ne peut se déplacer sur le site, car l'ordre de récupération de la part du procureur Antoine Leroy n'était pas effectué.

Je suis conscient que le sac poubelle doit être récupéré au plus vite, afin de sécuriser les éventuelles traces d'ADN encore présentes, avant que la moisissure ne puisse tout détruire, ainsi que tout ce que se trouve à l'intérieur.

Il est possible que d'autres fragments d'os et indices puissent également être trouvés dans le substrat, si le contenu du sac était examiné de plus près, dans des conditions d'examen plus favorables. Norbert, qui a été prévenu, a accepté d'être là, cette fois-ci.

Le vendredi 26 mars 2010, nous sommes partis pour la deuxième fouille et pour récupérer le sac poubelle, avec, à l'intérieur, une sorte de « sédiment organique ». J'ai marqué le lieu lors de la découverte avec une branche au bord du chemin. Une fois sur place, nous divisons la zone à proximité du site. Malgré tous nos efforts, sans avoir fait d'autres découvertes, nous devons nous avouer vaincus de ne pas avoir trouvé d'autres ossements.

F5 – Investigation du site avec Norbert Terrasse, inspecteur de police à la retraite

Tout n'est pas encore passé au peigne fin

Cependant, cette situation ne me contente pas. D'une manière ou d'une autre, il y avait un manque systématique lors de la deuxième recherche. Sans plus tarder, le dimanche 28 mars 2010, j'y suis retourné. Cette fois-ci, une zone d'environ 1,5 hectare et en contrebas du site sera fouillée de façon quadrillée. Également sans succès. Découragé, je remonte vers le chemin, toujours à l'affût, vérifiant pierres, buissons et murs. En longeant une barrière rocheuse qui m'empêche de gagner le chemin de montagne, à son ouverture vers en haut, mon regard tombe sur un sac poubelle noir. Il se trouve à une trentaine de mètres ou quarante, non loin du premier sac découvert. Je l'atteins rapidement.

Sur une pente glissante entre les arbres, ce sac a été fixé au sol par des cailloux placés autour du sac. Il était visible qu'il y avait une tentative de l'enfouiller. En vain. C'est pour cela qu'il a été tenu en place avec des cailloux alourdissants. La scène me paraît comme un « mini-stonehenge » avec au milieu ce sac poubelle.

Le sac était vidé. Il n'y avait plus rien d'osseux dedans.

En le soulevant du sol, je remarque le cordon vert qui sert à attacher le sac. Il est lisse et sans torsion. Un signe que ce sac n'était pas non plus noué. Également pourvu de trous de différentes tailles, comme le précédent, il contient un peu de substrat.

Il est clair à présent que le meurtrier a déposé au moins deux sacs poubelle avec, à l'intérieur, des restes humains, à proximité et en contrebas du chemin de randonnée. Combien de sacs y avait-il au total ? Cela devait rester un mystère. Il y a une clairière escarpée en dessous de l'endroit où le deuxième sac a été trouvé, que j'ai complètement omis dans la recherche, jusqu'à présent. Elle est difficile d'accès.

Bien sûr, le dernier succès donne l'espoir d'y trouver quelque chose. Par conséquent, une 4e, et dernière fouille a eu lieu. Sans résultat supplémentaire.

J'ai aussi constaté qu'aucun reste de vêtements était présent dans toute la zone investiguée.

L'analyse comparative avec les côtes flottantes d'un squelette féminin

En principe, c'est un jeu d'enfant : tout le monde connaît le jeu de société « Mémory ». On a une image et on la compare avec d'autres pour trouver la même.

Rien de plus simple que de prendre les côtes et les comparer avec un squelette réel. En l'absence de côtes (je les ai déposées à la police judiciaire), mais en possession de l'image prise sur le site, il est possible de les imprimer sur une feuille de papier. La main sert de gabarit et ainsi, on obtient la taille réelle des côtes flottantes.

C'est ce que j'ai fait.

Une procédure d'inscription permet d'obtenir un rendez-vous au MNHN, à Paris. Le MNHN possède des squelettes humains, féminins et masculins.

Je présentais la photo à l'anthropologue, enseignant en anatomie, et on a fixé un rendez-vous au laboratoire en anatomie, au MNHN.

Mon but était de comparer « mes » présumées côtes flottantes directement avec des côtes flottantes masculines et féminines en état « détaché » et sur un squelette entier.

Avec l'aimable autorisation du laboratoire en anatomie du MNHN, je reproduis, ici, dans le livre, les prises de photos comparatives.

En premier lieu, j'ai tenté de les comparer avec des côtes flottantes masculines. Mais il n'y avait pas de concordance. « Mes » côtes flottantes étaient trop fines, trop graciles et pas assez grandes.

Ensuite, j'ai pris un sac plastique rempli de 24 côtes féminines et en état « détaché ». Le jeu de « Mémory » commence. Pour ne pas me perdre, je fixais le regard sur le tubercle. Je cherchais une côte sans tubercle. Ensuite, c'est la courbe avec la gouttière qui distingue la gauche de la droite. Il ne fallait qu'environ 30 secondes pour en sortir la 11e gauche.

À ma demande, l'anthropologue a également mis à ma disposition un squelette entier féminin, de taille 1m60. J'ai lu dans le dossier que Suzanne Viguier mesurait 1m63. Nous sommes donc dans des proportions quasi identiques.

J'ai pris en photo le squelette et la partie importante, celle du thorax autour des « fausses côtes », dont sont incluses les côtes flottantes.

J'ai ensuite superposé « mes » côtes N° 12 (en version papier) sur celles du squelette féminin. Cela correspondait. Elles étaient identiques dans toutes les caractéristiques, y compris au niveau de la longueur. J'ai aussi constaté que celle sur la photo, sous la 11e, à côté du fragment de côte, est la 12e gauche.

Pourquoi la gauche ? C'est l'orientation de l'angle de la tête costale et la rugosité de la côte qui déterminent de quel côté les 12e doivent descendre pour ne pas gêner celles d'en haut, raison pour laquelle la tête costale est légèrement inclinée. C'est cet angle qu'il faut prendre en compte. Ensuite, il faut savoir que l'intérieur d'une côte est toujours lisse, tandis que la face caudale est rugueuse.

Par conséquent, l'autre côte N° 12, qui est complète mais érodée, est celle de droite. J'ai constaté que « mes » côtes ont perdu la courbe, notamment les deux N° 12.

La N° 11 a perdu la courbe dans sa première partie, ce qui est dû à l'exposition de l'humidité pendant 10 années et 22 jours, au poids de la neige pendant 9 hivers, mais aussi à la fracture qui traverse verticalement la N° 11, dans le premier tiers du corps costal.

Par chance, le bout de cette N° 11 restait courbé. Sachant que la gouttière costale se trouve en bas d'une côte, le résultat est qu'il s'agit de la N° 11 gauche.

La taille de la gouttière costale est variable d'un individu à l'autre. Elle est parfois davantage prononcée qu'une autre ou interrompue.

Nous observons bien cette particularité dans la comparaison avec un squelette et un corps « détaché » d'une autre personne. Mais ce qu'elles ont toujours en commun, la gouttière costale ne débute jamais près de la tête costale, mais toujours après le milieu de la côte.

Les côtes N° 12 ne possèdent pas de gouttière costale. C'est aussi une particularité humaine par rapport aux différentes espèces d'animaux.

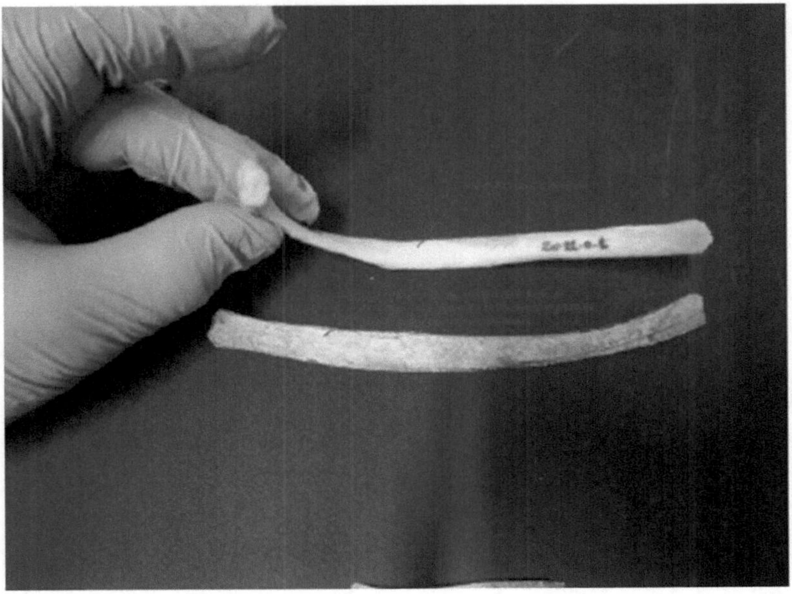

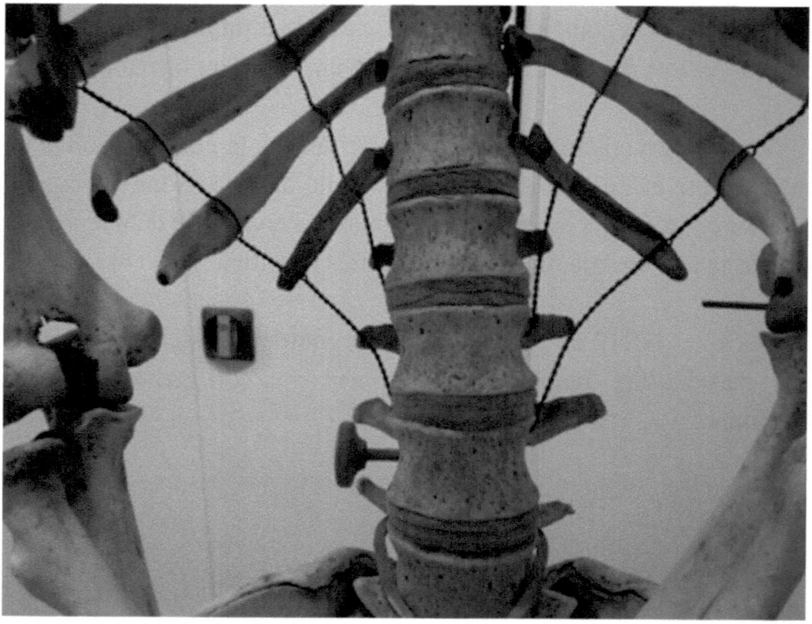

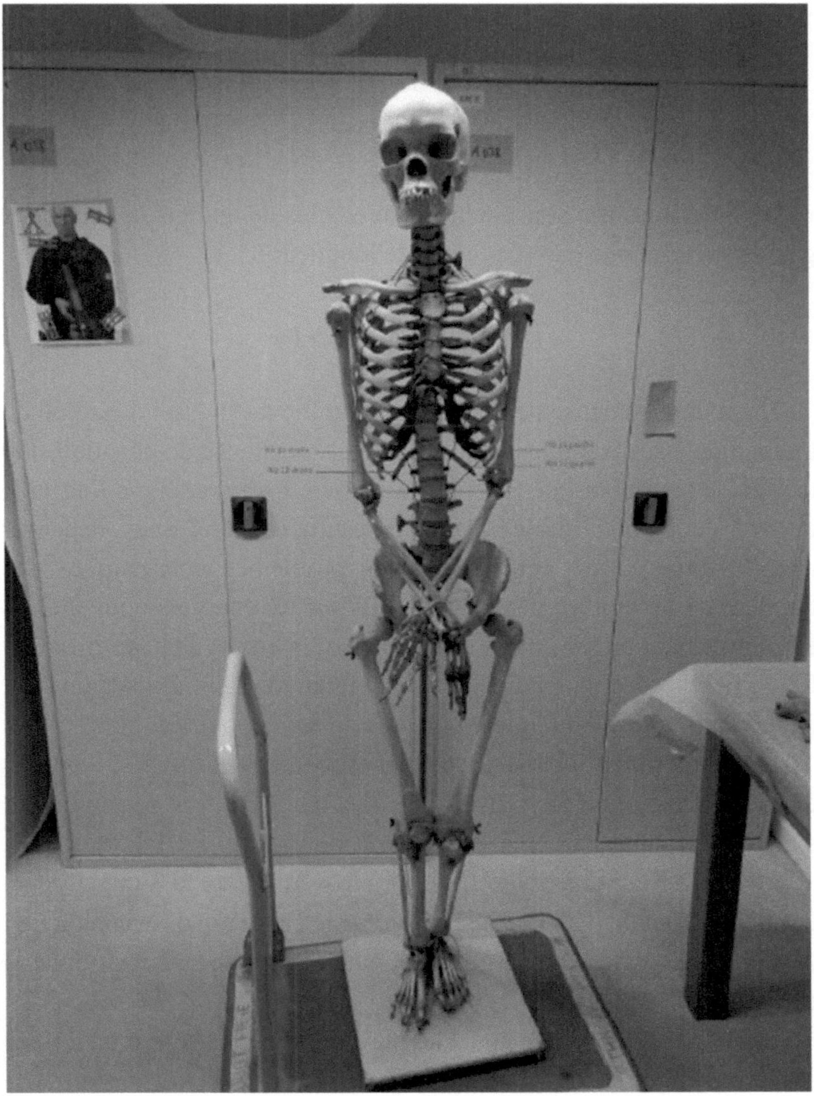

F12, 13, 14, 15 – Les photos comparatives du laboratoire d'anatomie du MNHN avec l'aimable autorisation de publication. (mise à part cette investigation sur le meurtre de Suzanne Viguier, les photos sont, en général, aussi instructives pour ceux qui s'intéressent à l'anatomie humaine)

Dans une interview, l'ancien accusé a mentionné, entre autres, qu'il « *considère cette affaire comme une compétition sportive* ».

Quelle arrogance !

Serait-il possible pour Suzanne, avec plus de dix ans de retard, de gagner cette course par trois côtes de longueur ?

Le spécialiste des os

Il gravit silencieusement la face sud du Pic du Brassei. Le soleil du matin a déjà suffisamment chauffé la paroi rocheuse de plus de 1 000 mètres de haut pour que Placido, le gypaète barbu, atteigne l'altitude de vol de reconnaissance, laquelle est nécessaire, sans dépenser aucune force. Il ne connaît pas les problèmes énergétiques des humains. Il ne philosophe pas non plus sur les énergies nouvelles. Il est simplement un utilisateur et exploite au mieux la chaleur du soleil. La recherche de nourriture doit se poursuivre sans utiliser un seul battement d'ailes. À première vue, elle a l'air dépouillée.

Le composant principal de son plat est constitué d'os. Il se contente de ce que personne ne veut. Alors, il attend que tout le monde ait mangé. Il n'aime pas le stress lié à la nourriture. La jalousie de la nourriture lui est inconnue. Cette noble vertu le rend sympathique. Parmi les oiseaux, il est considéré comme le parangon de la conversion de l'énergie solaire en énergie cinétique, de la force gravitationnelle en énergie d'impact.

Dans sa « Bone Forge », des os surdimensionnés sont transformés en morceaux de la taille d'une bouchée. Il est la voiture-balai de la nature, il recueille ce que les autres laissent derrière eux, le transporte et nettoie.

En bref : une petite entreprise sans employé. En Ariège, ils sont dix, ou plutôt cinq, couples. La journée chaude d'été prometteuse laisse espérer la libération de nourriture des cônes d'avalanche qui fondent après un hiver particulièrement rigoureux, marqué par de fréquentes chutes de neige. Lui et le poulain de son « pote » ont fui il y a quelques jours et suivent actuellement un régime amaigrissant pour pouvoir mieux naviguer.

C'est pourquoi ce serait bien si Placido trouvait quelques os aujourd'hui. Mieux, s'ils étaient de l'année dernière et fanés. La bonne chose pour que son fils descende d'un excès de poids. À l'est de la montagne déchiquetée, un courant d'air chaud souffle dans le dessous de son plumage depuis le « Bois de Seys ». Les thermiques montrent la voie. C'est pourquoi le planeur majestueux glisse avec une envergure de près de 3 mètres de long vers les sommets, au fond du bassin de la vallée. Pas le moindre objet qui l'intéresse n'échappe à ses yeux perçants. À une vitesse vertigineuse, son ombre darde sur les arbres de la forêt de montagnes en dessous de lui, sentant les irrégularités du terrain, traversant des gorges, noircissant un instant des cônes d'avalanche d'une blancheur aveuglante, s'accrochant aux crêtes rocheuses, pour tourner dans la direction opposée au bord de la falaise en une fraction de seconde. L'ombre de Placido maîtrise sans effort un terrain qui donnerait mal à la tête à tout alpiniste expérimenté, presque imperturbable face aux obstacles insurmontables qui semblent l'affronter.

Le nombre et l'étendue des champs de neige augmentent au fond de la vallée, encadrés par d'imposants massifs montagneux qui scintillent encore au soleil, dans leur robe blanche d'hiver. Seules les crêtes rocheuses acérées et celles exposées au vent forment des branches filigranées de veines noires au milieu de ce monde enneigé. Petite tache bleue au-dessus d'une marche abrupte, nichée entre des affleurements rocheux, l'Étang de Baxouillade, qui reflète le soleil comme une loupe. Placido plane à près de mille mètres au-dessus de ce lac de montagnes. De cette hauteur, il reconnaît les os d'une vache à côté d'un tas de pierres, sur la berge. Une partie du squelette repose en eau peu profonde. Peu importe au gypaète barbu pourquoi il est là. L'important est qu'il soit là.

Les têtards peuplent l'étang et se rassemblent sur la rive où l'eau est la plus chaude. Autour des os, ils trouvent encore toutes sortes de choses comestibles. Placido monte en cercles étroits au lieu de sa découverte. Il perd rapidement en altitude et, à peine une minute plus tard, il atterrit dans un pré plat, au milieu de crocus. Toutes les nuances de blanc au violet foncé représentent quelques exemplaires, entre les deux pétales jaunes. Ils ont ouvert leurs tasses et montrent les pistils de safran perpendiculaires au ciel bleu. Des millions de ces annonciateurs du printemps jonchent le sol qui vient d'être déneigé. Sur ce tapis de crocus, Placido parcourt les 30 derniers mètres jusqu'à la table dressée. Il a très soif et là, il se désaltère d'abord avec de l'eau tiède provenant d'une cuvette dans un rocher de granit. Le soleil l'a réchauffé ces derniers jours et il a, à son tour, cédé son énergie à la petite flaque en son centre. Il n'est pas pressé. Aujourd'hui, il semble être ici tout seul. Les vieux os suscitent peu d'intérêt chez ses concurrents alimentaires. Non loin du site, un ours a récemment laissé sa trace dans la neige ramollie de l'après-midi, d'une langue d'avalanche. Une diapositive multi courbes montre l'exubérance de Maître Petz après s'être réveillé de son hibernation et avoir erré dans la région pour trouver quelque chose à manger.

Mais apparemment, il n'a même pas regardé les os sur la berge. Parce qu'aucune empreinte de patte dans la boue humide ne révèle une inspection de l'endroit. Le gypaète barbu attrape infailliblement un os tubulaire avec l'une de ses pattes de préhension et se balance vers le haut. Les dalles rocheuses en pente, au nord du petit lac, sont idéales pour briser la marchandise. L'oiseau s'abat sur les rochers, ajoutant de l'élan à l'objet, sûr de le briser en morceaux de la taille d'une bouchée. Non loin du « trou de l'or », l'os cogne sur l'enclume de pierre fournie, si bien que la force de l'impact se répercute bruyamment dans les parois rocheuses. De l'époque romaine jusqu'au 19e siècle, ce « trou de l'or » était une raison de déclencher une ruée vers l'or à intervalles réguliers. Cependant, les paillettes sporadiques du métal précieux trouvées par les aventuriers n'ont pas suffi à contrebalancer la rumeur de veines de quartz aurifères, exploitables dans le massif de la

Baxouillade. Néanmoins, par précaution, des barons de l'or de Carcassonne et de Toulouse sont apparus dans la Vallée d'Orlu au Moyen-Age, afin d'acquérir des droits de prospection, si nécessaire. La fièvre de l'or aurait été prête à éclater. Cependant, faute d'or, il n'y a pas eu d'épidémie. Au lieu de cela, de mystérieuses légendes se sont formées autour du « trou de l'or ». Le meilleur signe que l'espoir de trouver un trésor n'est pas mort.

Histoire de la « Réserve Nationale d'Orlu »

Les débuts de la Réserve Naturelle d'Orlu remontent à 1925. À cette époque, l'industriel du tabac et des mines, Maurice Burrus, rachète une grande partie des hauteurs des montagnes et signale ainsi la valeur financière de la nature qu'il faut préserver. Il ne connaissait pas les mots « écologie » et « protection de l'environnement ». À cette époque, ils étaient scientifiques, mais ignorants des mots à la mode. Et la politique sera l'ultime instance d'adoption de ce vocabulaire dans ses discours, à partir de la fin du XXe siècle. Burrus était mort depuis longtemps. Burrus, collectionneur de timbres de renommée mondiale, était aussi un archéologue passionné. On comprend donc aisément qu'il ait voulu rendre le coin de nature de la Vallée d'Orlu intéressant, avec ses possibilités financières, pour lui personnellement, mais aussi pour ceux qui l'ont suivi. Cet esprit perdure aujourd'hui sous le nom de « Réserve Naturelle d'Orlu ». Il est administré par l'établissement public ONF, l'Office National des Forêts. Grâce à l'initiative de Maurice Burrus en 1925, les randonneurs peuvent aujourd'hui apercevoir chamois et marmottes. Son travail a continué. Curieusement, cette réserve est rarement mentionnée et encore plus rarement appréciée.

Burrus était aussi un politicien. Le 10 juillet 1940, avec 87 % de ses collègues parlementaires de toutes tendances politiques, il avait confié le pouvoir exclusif sur la France au maréchal Pétain. Dans le vote hétéroclite de la loi sur la prise du pouvoir, il est aisé de lire que c'était une question de conscience et non une coercition de faction.

On a donc pensé que cette loi représenterait au mieux les intérêts de la France face à l'Allemagne Nazie. Cette loi était, pour ainsi dire, la version française de la prise du pouvoir par Hitler. La différence est qu'ici, les politiciens avaient le droit de dissoudre eux-mêmes leur parlement, alors que de l'autre côté du Rhin, cela avait été fait sans ménagement par le dictateur lui-même, quelques années plus tôt. Personne ne sait aujourd'hui si la Seconde Guerre mondiale se serait terminée plus vite et mieux sans Pétain, ou même si elle ne se serait pas déroulée correctement. En tout cas, le vote du 10 juillet 1940 fut fatal à Maurice Burrus, après la guerre. Il tomba dans le vice politique de l'éternel envieux. Personne ne voulait se rappeler qu'il refusait de fournir du tabac à la dictature allemande.

Il n'a plus jamais été autorisé à être élu à un poste politique. En France, sa patrie, on lui objectait qu'il était riche. Comme les citoyens français bien nantis le font encore aujourd'hui, lui aussi a dû émigrer en Suisse avec son argent, à l'époque. Il a profité avec bonheur du soleil suisse sur le magnifique lac Léman et y a vécu jusqu'à sa mort, en 1959. Il faudra attendre encore 22 ans après 1945 pour qu'assez de décideurs, d'envieux et de faux interprètes aient également démissionné et que la voie soit ainsi ouverte à une « quasi-réhabilitation ».

L'erreur ne pouvait être admise que par de nouvelles personnalités. Les anciens ne pouvaient pas. L'injustice se produit souvent de telle manière que, par honte, admettre une erreur de jugement incite les responsables à mieux laisser le scandale à l'érosion du temps.

Cependant, cela n'élève pas exactement la qualité de la gravité d'un État à un niveau élevé. Dans le cas de Suzanne Viguier, je ne veux pas perdre de temps. C'est pourquoi j'essaie de contrecarrer l'érosion du temps qui commence maintenant aussi après la découverte.

Comment et qui contacter ?

L'étrange rapport du médecin légiste appelle absolument à une expertise plus poussée. Après quelques recherches dans les revues spécialisées, je tombe sur un reportage très intéressant sur un médecin légiste engagé, le Dr Sophie Vacher. Sa clinique lui a envoyé mon message et elle m'a contacté immédiatement. Après une rapide discussion de la situation, elle reçoit la photo de « mes » ossements. À en juger par la photo, elle pense qu'il est très probable qu'il s'agisse de côtes humaines. Elle en est presque convaincue du fait de son expérience professionnelle. Lorsqu'on lui a demandé si elle pouvait intervenir dans l'affaire, elle a dit « oui ». Après avoir reçu le « feu vert » du procureur de la République compétent à Brive-la-Gaillarde, elle peut écrire au procureur de la République de Foix, dans le département de l'Ariège, à ce sujet. Elle transmet son dossier en urgence.

Contact avec Carole, la sœur cadette de Suzanne

Le lundi 29 mars 2010, j'ai contacté Carole Blanch, la sœur cadette de Suzanne. Elle se souvient encore de moi lors de l'audience publique aux assises d'Albi, le 9 mars 2010. Elle a été présente tout au long du procès. Elle a certainement des sentiments mitigés à l'idée de retrouver les restes de sa sœur. Peut-elle croire cela ? Que doit-elle en penser ? Elle décide de croire en mon histoire. Un échange animé de lettres par e-mail et d'appels téléphoniques la tient informée. En retour, elle m'informe de ses activités. Son avocat demande un contre-examen des os pour éviter que les côtes ne soient brûlées prématurément. Elle contacte également la police judiciaire et le Dr Vacher. Carole a dû apprendre à être très patiente au cours de ces nombreuses années. La justice avance à pas de tortue. Le résultat et le chemin pour y arriver ne répondent pas aux exigences.

Les enfants de Suzanne

Le livre exige du lecteur qu'il fasse toujours le calcul. Suzanne a donné naissance à 3 enfants. L'aînée a 21 ans aujourd'hui, 10 ans après la mort de Suzi, et les jumelles ont 18 ans. Il est à noter que Suzanne a disparu après que le grand-père paternel est allé chercher les enfants à la maison pour le déjeuner, à 10 h 30 le dimanche 27 février 2000, en présence du père. La mère dormait sans doute encore (on ne peut plus lui demander si elle dormait encore ou était déjà morte). C'est un fait que le lendemain, les grands-parents sont également allés chercher les enfants à la maison, pour les emmener au lieu de villégiature de leur résidence secondaire, Orgeix. Chaque fois que les enfants sont absents, le père peut en profite pour faire quelques préparatifs. Il ne veut pas qu'ils remarquent ses manigances. Ce n'est qu'en ne devenant pas suspect qu'il pourra les façonner dans les années à venir, afin qu'ils soient à ses côtés lorsque le bilan juridique sera dressé.

Et c'est ce qui est arrivé. Ils défendent leur père et le sortent ainsi des ennuis.

Ils sont absolument convaincus, dans leur cœur, que le malheur survenu à leur mère vient d'ailleurs. En effet, les juges du premier procès à Toulouse étaient d'avis que « les enfants avaient déjà perdu leur mère ; on ne peut plus maintenant leur enlever leur père ». Le lecteur lèvera les mains au-dessus de sa tête devant une telle prise de décision arbitraire.

Dans de telles circonstances, un jugement correct devient un jeu de loterie.

Contact avec le berceau de l'ADN – Université de Cambridge

Le 26 mars 2010, je suis tombé sur les coordonnées de « roots for real », une entreprise du Murray Edwards College, de l'Université de Cambridge. On y relève à la fois l'ADN nucléaire et l'ADN-mitochondrial. Ce dernier peut être utilisé pour retracer la lignée féminine d'une personne. Étant donné que l'ADN-mt de la progéniture féminine n'est transmis qu'à leurs filles, il doit être possible d'utiliser cette méthode pour savoir si les restes squelettiques sont d'origine féminine. L'avantage qu'offre l'ADN mitochondrial est qu'il est présent à des concentrations beaucoup plus élevées que dans le noyau cellulaire. La probabilité de pouvoir séquencer du matériel utilisable est plus grande. Et puisque les côtes subissent des dégradations depuis plus de 10 ans, cet avantage sera de la plus haute importance. Alors que l'ADN nucléaire ne contient que 2 copies, la mitochondrie en a des milliers.

Le Dr Forster répond

À ma demande d'examen d'os, d'origine humaine ou animale, une réponse rapide est donnée par le généticien : c'est un cas un peu particulier, mais à en juger par les photos, cela valait la peine d'essayer d'organiser un examen ostéologique d'un fragment, pour commencer.

Le 9 avril 2010, un fragment de côte (celui qui se trouve dans ma main, à côté de la N° 12 gauche) a été envoyé par avion à la ville universitaire anglaise de Cambridge. L'ostéologue, Dr Corinne Duhig, du Wolfson College de Cambridge, assure l'examen. Son rapport sera envoyé le 21 avril 2010. Elle le compare avec d'autres côtes humaines qu'elle a vues et conclut que, s'il s'agit d'un morceau d'os humain, ce doit être « une personne gracieuse ». Par mesure de sécurité, elle recommande de procéder à une analyse ADN. À partir de maintenant, le Dr Forster est chargé de préparer tout le nécessaire pour effectuer une analyse ADN médico-légale, avec les mesures de sécurité et les protocoles associés.

Il établit un calendrier. Le résultat devrait être disponible dans 4 à 6 semaines. Je peux donc attendre une réponse d'ici la fin du mois de mai.

L'organisation du mtADN

Ici, nous parlons d'une mtADN d'une longueur totale de 1/20 mm qui se compose de 16 569 bases. Deux parties situées dans la région de contrôle sont utilisées pour l'examen. Leur longueur est de 1/1000 mm. Afin de pouvoir identifier Suzanne Viguier, cette région de contrôle ne doit pas être détruite.

Tout se joue ici : « Être ou ne pas être », telle est la question.

La journaliste scientifique et anthropologue Élisabeth Hamel

Élisabeth Hamel travaille avec Dr Forster et, en tant que journaliste scientifique, elle publie des résultats anthropologiques sur l'origine des peuples. Cette recherche permet d'obtenir des informations très concrètes sur l'étude de l'humanité, à l'aide d'analyses d'ADN, et en particulier grâce à des évaluations d'ADN mitochondrial.

Dans son livre « Das Werden der Völker in Europa », publié par Rottenbuecher Verlag, elle décrit magnifiquement, et avec beaucoup d'humour pour le profane intéressé, pourquoi ce sont les voyages et non l'espèce qui font l'humanité. L'ADN le permet. La migration des peuples c'est notre histoire depuis toujours jusqu'à nos jours. En 2006, dans le quotidien français « Le SudOuest », elle publie le constat qu'après la dernière glaciation, la recolonisation de l'Europe géographique émane du Pays basque. Le traçage des branches d'ADN, à partir des découvertes anthropologiques dans cette vaste aire culturelle, montre la voie vers cette partie des Pyrénées par rapport aux échantillons contemporains. Fort de cette connaissance, le Dr Peter

Forster s'est impliqué de manière significative. C'est une pure coïncidence si Dr Peter Forster, qui ne voyage normalement qu'anthropologiquement dans les Pyrénées, a pour tâche de donner un nom au plus petit dénominateur commun, dans cette triste affaire de personne disparue : non-humain ou humain. Mme Hamel est « ma » personne-ressource. Il devient maintenant clair que l'anthropologie et la science médico-légale peuvent être étroitement liées, même si, pourrait-on dire, l'examen des ossements d'un Néandertalien et celui d'un humain moderne n'appartiennent pas à la même catégorie. On peut sûrement savoir s'il date d'avant 80 000 ans, et s'il est devenu la victime d'un crime, mais comme l'auteur et les prochains descendants de la victime ne seront évidemment plus de ce monde, ils ne pourront s'en plaindre, alors, la découverte devient : l'histoire.

Ici, cependant, dans le cas de Suzanne, tout semble différent. 10 ans, c'est peu au milieu de l'éternité, tout est encore frais, les descendants et les proches parents sont jeunes. L'affaire n'est pas passée à l'histoire, il y a un intérêt privé et public à dénoncer l'acte de crime. L'auteur du crime est en liberté.

Le sédiment doit être séché

Elisabeth Hamel conseille de sécher le substrat qui se trouve à l'intérieur du sac pour le protéger de la croissance de moisissures, ennemi N° 1 de l'ADN. Le tout est donc étalé dans un endroit aéré et sec. A cette occasion, je peux regarder de plus près les résidus à la loupe. Après un certain temps, un très petit fragment d'os réapparaît. Il fait clairement partie d'un os plat. Les travées spongieuses s'étendent dans le sens de la longueur de l'os.

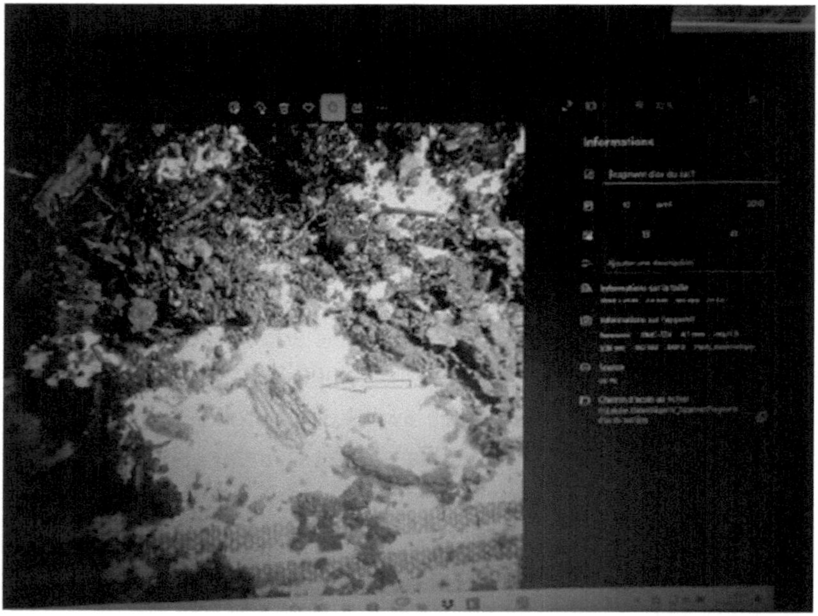

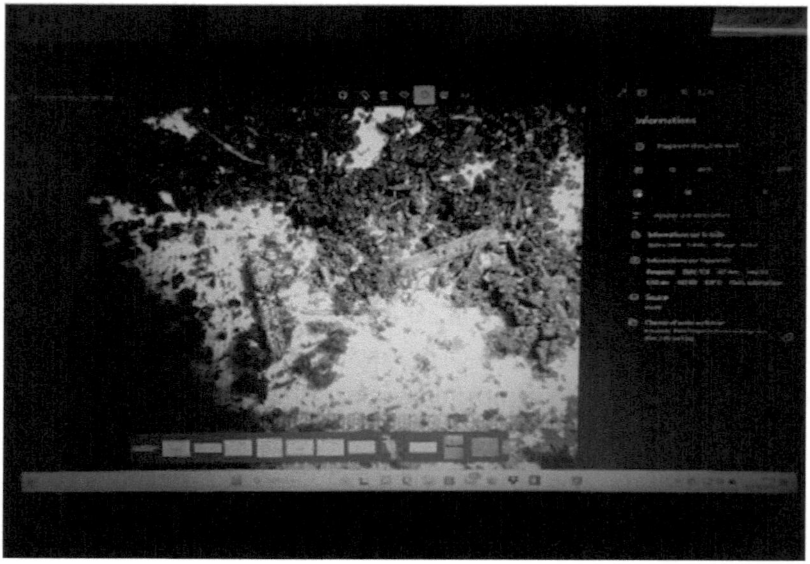

F6 et F7 – le sédiment au séchage avec 2 fragments d'os non identifiés

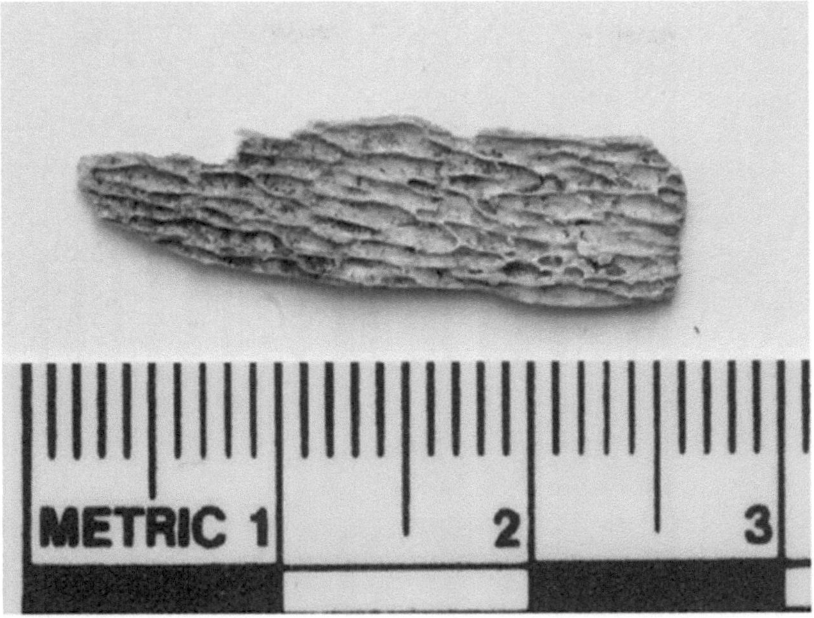
METRIC 1
2
3

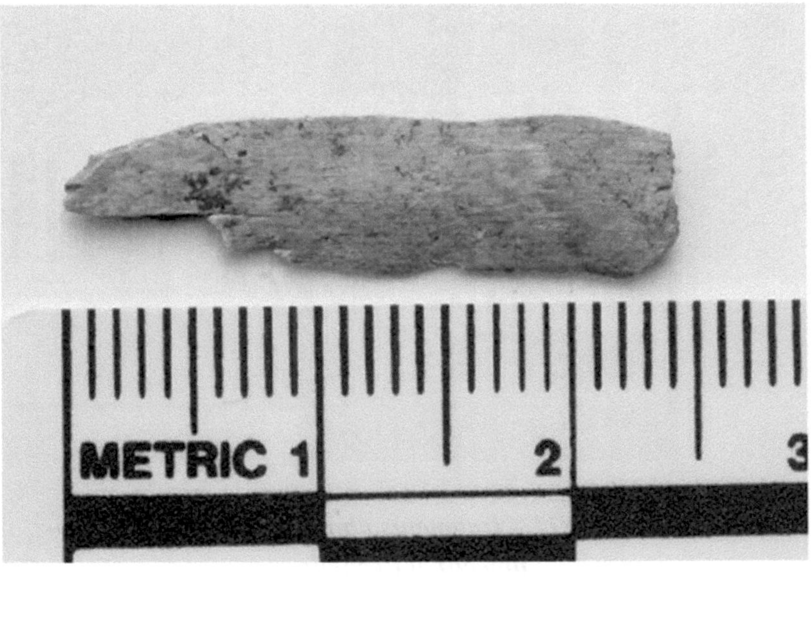
METRIC 1
2

F8, F9, F10, F11 – fragments photographiés avec macro-objectif et l'échelle

Les photos du substrat sédimentaire ont été prises lors du séchage, le 15 avril 2010, sur la fiche technique.

Il y a aussi des ailes de mouche à chair incrustées dans la masse sombre. Certes, il y avait une grande quantité de consommable dans le sac. Quelques « chatons » mâles de noisetier commun (corylus avellana) desséchés ont probablement été introduits par des fourmis pendant la période où la décomposition du contenu était la plus active.

Les noisetiers du site, à 1 050 m au-dessus de la mer, perdent leurs « chatons » au cours du mois d'avril. Cela signifie que le sac poubelle et son contenu ont été déposés peu de temps auparavant. Les mois de février et mars sont tout à fait envisageables.

F16 – Le fragment de côte examiné sur présence d'ADN au laboratoire de « root for real », à l'université de Cambridge

Affinité avec Woyzeck

Le drame « Woyzeck » a été laissé comme un fragment par l'écrivain Georg Büchner et n'est apparu qu'après sa mort, en 1879. La pièce parle du soldat Franz Woyzeck, qui devient un meurtrier, un antihéros. Woyzeck est un soldat simple et pauvre qui essaie de subvenir aux besoins de sa petite amie, Marie, et de son enfant illégitime, par un travail honnête. En se promenant en ville, Marie rencontre un tambour-major. Le Major est très amoureux de Marie et essaie de la séduire avec de petits cadeaux.

Woyzeck s'implique dans l'expérience d'un médecin en le mettant au régime alimentaire de pois et en ne devant désormais manger que les légumineuses vertes.

Marie ne peut plus résister aux avances du tambour-major et s'engage dans une liaison avec lui. La jalousie de Woyzeck grandit. Woyzeck découvre Marie et le tambour-major dansant dans la taverne. Il succombe à son rival au combat. Woyzeck envisage de se suicider. Mais il entend des voix lui ordonnant de tuer Marie. C'est la solution la plus simple. Woyzeck achète un couteau. Il attire Marie dans la forêt et l'y poignarde dans une frénésie de sang. Il se précipite vers la ville et se rend à l'auberge.

Les invités découvrent des traces de sang sur Woyzeck, qui s'enfuit. Il retourne sur les lieux du crime et enfonce le couteau dans un étang. La police pense que l'affaire est simple.

Y a-t-il des parallèles entre cette histoire et celle de Toulouse ? Les deux cas sont liés par la jalousie. Là où Woyzeck mange des pois, le héros Viguier mange des médicaments. Ici aussi, l'antihéros n'affronte pas le rival. Woyzeck emprunte la voie la plus simple, celle du meurtre, pour soustraire « l'objet du litige » au concurrent. Il l'affame en quelque sorte. Il draine les amants. Lui, Viguier, le chasseur de gros gibier et président de l'association locale des chasseurs, ne laissera personne d'autre voler sa proie. Il tire le « frein d'urgence ».

Informations du laboratoire Neo-Diagnostica

Cherchant toujours à faire vérifier consciencieusement la suspicion par le plus grand nombre d'experts possible, je me tourne vers Neo-Diagnostica, un laboratoire accrédité pour les analyses d'ADN, à Lleida, en Espagne. Des médecins et des scientifiques français y travaillent avec des collègues espagnols. Le chef du service ADN m'explique qu'il analyse souvent des échantillons d'os. Il accepte volontiers ma suggestion d'envoyer une photo des ossements pour les examiner. Deux jours plus tard, j'appelle à nouveau le laboratoire Neo-Diagnostica.

Le médecin responsable, le Dr Buij, a examiné la photo et est absolument certain qu'il s'agit de côtes humaines. Les caractéristiques particulières de l'extérieur ne permettent aucune autre interprétation. Il serait intéressant qu'il puisse voir et toucher les côtes. Malheureusement, je dois lui expliquer que je n'y ai plus accès, car elle est entreposée sous scellé quelque part, auprès de l'autorité judiciaire.

Je suis également informé par Dr Buij qu'en raison du stockage humide des os, il y a un risque élevé que l'ADN se soit décomposé et une probabilité de 95 % existe que les échantillons ne puissent plus être attribués.

Une présentation par le médecin légiste, le Professeur Dr Brinkmann et le Dr Pfeiffer, de l'Institut de médecine légale de Münster, en Allemagne, espèrent encore pouvoir obtenir un résultat positif en examinant les mitochondries cellulaires qui sont beaucoup plus résistantes à la dégradation et peuvent être visualisées et amplifiées, à l'aide de la méthode de réaction en chaîne par polymérase (PCR). L'extrait suivant de son rapport renseigne sur les chances de succès de cette connaissance de trace.

La longueur des côtes trouvées

Je me demande si la longueur des côtes trouvées permet de conclure qu'elles peuvent être attribuées à un corps humain. Je suis tombé sur une étude japonaise qui examinait s'il existait un lien entre la courbure de la colonne vertébrale (scoliose) et la longueur des côtes. Incidemment, l'étude conclut que ce n'est pas le cas. Ce qui est significatif pour ma préoccupation, cependant, c'est que les côtes des personnes impliquées ont été mesurées. De plus, les trois quarts de ces personnes étaient des femmes. La longueur moyenne de la 11e côte était comprise entre 12,5 cm et 15,0 cm. Et la 12e côte entre 8,2 cm et 10,6 cm.

La trouvaille d'Orlu s'inscrit très bien dans cette gamme, avec 15,3 cm pour la 11e côte et 5,5 cm pour la 12e. Il faut également noter que les côtes trouvées dans le sac poubelle n'ont plus de pointe de cartilage, de sorte qu'une allocation doit être réalisée pour être estimée. Plus j'analyse les os du squelette, plus les preuves s'accumulent qui suggèrent clairement que les os sont humains, et vraisemblablement féminins. La proximité du village d'Orgeix et le fait que le suspect y utilise fréquemment une résidence secondaire suggèrent que les restes du thorax sont sans doute ceux de Suzanne Blanch-Viguier.

D'un point de vue médical, c'est précisément défini quand quelqu'un est mort. La découverte de l'ADN par Watson et Crick m'amène à poser la question : à quel moment quelqu'un n'existe plus ? Lorsqu'il n'est plus possible de reconnaître visuellement une personne décédée, les caractéristiques héréditaires sont loin d'être perdues. Ce n'est qu'un problème de détection d'indices et non de trouver des indices pour encore désigner une personne comme « l'une des nôtres ».

De manière hérétique, l'on pourrait prétendre que, tant qu'un fragment sur plus de 9 milliards de séquences génétiques peut être trouvé, la personne affectée n'est pas complètement morte. Le procureur à Albi a clôturé l'affaire Viguier par la phrase « Quoi qu'il soit arrivé à Suzanne Viguier, c'était un meurtre parfait », puis se pencha très loin par la fenêtre.

Cette phrase nécessite un examen plus approfondi : Il y a toujours des indices dans un meurtre. Quelque chose a été fait, donc quelque chose a été laissé derrière. La difficulté de l'accusation est de retrouver les traces et de les interpréter correctement. L'accusé n'est pas obligé de dire la vérité, contrairement au témoin. L'accusé a donc une longueur d'avance en termes de connaissance et d'action, que la police judiciaire ne peut que très mal rattraper. Il bénéficie d'une « prime d'innocence », pour ainsi dire.

Les moindres écarts dans les enquêtes destinées à élucider le crime et les circonstances du crime sont interprétés en faveur de l'accusé. Vous avez le sentiment constant que quelque chose le protège. Il n'y a donc pas de « meurtre parfait ».

Cependant, il y a une incapacité à reconnaître le meurtre et à nommer l'auteur. Ce constat est important, car il permet au procureur de rejeter la responsabilité de son échec, tout en rendant hommage à l'accusé. Il s'incline devant lui et s'avoue vaincu. Il atteste d'un « meurtre parfait », car il est incapable d'obtenir des éclaircissements. La personne acquittée sera donc indemnisée en conséquence, si elle le demande. Et il l'exigera pour des raisons économiques et pour souligner de manière crédible son innocence. Fondamentalement, je suis pour l'utilisation de toutes sortes de méthodes nouvelles et traditionnelles pour résoudre un crime. L'analyse de l'ADN est définitivement toujours à la fin de cette chaîne. Cependant, elle s'appuie sur d'autres méthodes et entre en symbiose avec elles. L'ADN ne ment pas. Il fournit le code numérique dont nous sommes faits. Il ne se trompe pas. Le bien est séparé du mal. La défense ne peut pas la tordre. Ce n'est pas du langage, mais de la mathématique.

L'information génétique de Suzanne Viguier a été trouvée dans trois côtes de son thorax. Le tout emballé dans un sac poubelle et caché entre des pierres, près de la résidence secondaire de l'acquitté, dans les montagnes ariégeoises. À cela s'ajoute la multitude d'indices, qui ont désormais une toute autre signification. Les mensonges de l'accusé seraient désormais tous exposés. Ils se transforment en preuves. Le puzzle est assemblé. À quel auteur fictif faut-il désormais suggérer l'acte ? Il n'en reste plus qu'un. Celui qui a toujours été visé.

Le meurtrier a commis 3 erreurs qui m'ont permis de trouver les ossements de Suzanne :

1 – Il a téléphoné à Norbert Terrasse, le dimanche 27 février 2000 vers 18 h, affirmant que son épouse a disparu.

2– Il a, à la fin de mon témoignage à Albi, après avoir été questionné par le président de la Cour, Jacques Richiardi, évoqué le village d'Orgeix d'où provenait cet appel téléphonique (évidemment, il s'agissait d'un mensonge).

3– L'erreur capitale a été de déposer les restes humains dans un sac poubelle, à 5 minutes en voiture de la maison secondaire d'Orgeix.

Le meurtre n'était donc pas du tout parfait, en raison de ces 3 erreurs stratégiques. Le reste du dossier Viguier est garni de leurres, bien avalés par la Cour, le jury populaire, les journalistes et protagonistes, les chroniqueurs judiciaires, les réalisateurs cinématographiques qui, tous, ne peuvent arriver aux fins d'être les perroquets de la justice.

Le 26 mai 2010 à 10 h 43, le Dr Forster répond par message que le spécimen est d'origine humaine. Cependant, en raison de la forte dégradation de l'ADN, des analyses complémentaires doivent être réalisées, afin d'exclure l'introduction d'ADN étranger lors de la récupération des ossements, sur le site de la Vallée d'Orlu.

Voici le message d'origine de Dr P Forster :

Cher Monsieur Rauhut,

L'extraction d'ADN et la détermination des espèces par PCR à l'aide de l'ADNmt n'ont donné qu'un faible produit d'ADN PCR. Ce produit faible est d'origine humaine. Néanmoins, le résultat n'est pas univoque, puisque la faiblesse du produit pourrait signifier que l'ADN d'origine de l'os est largement dégradé, et nous avons pu déterminer avec succès le reste de l'ADN d'origine ; d'autre part, un produit PCR-ADN faible peut généralement indiquer la dégradation complète de l'ADN osseux, le produit PCR-ADN détecté pouvant signifier une contamination par le personnel lors du sauvetage ou au laboratoire. De telles contaminations sont la règle et non l'exception dans les anciennes analyses d'ADN.

Veuillez décider si nous devons maintenant procéder à l'analyse de la séquence d'ADNmt de l'os. Le résultat de la séquence pourrait ensuite être comparé à Personal et finalement comparé à l'ADNmt de la sœur manquante que vous avez mentionnée.

Salutation docteur Peter Forster Cambridge

L'affaire prend vie. La longue attente a fait de Suzanne Viguier un fantôme. On ne savait presque plus si elle avait vraiment existé ou non, si tout n'était qu'imagination. Son image prend forme. Elle devient réelle. L'ADN la ramène à la vie. Pâques vient d'arriver depuis quelques jours. Était-ce censé être la résurrection de Suzanne ? Non, il a toujours été là pendant ces 10 ans et 22 jours. Ce n'était tout simplement pas visible à l'œil nu. Deux jours plus tard, un autre message arrive du Dr Forster :

Cher Monsieur Rauhut,

Maintenant, j'ai les séquences de la région de contrôle de l'ADNmt et je les ai soigneusement analysées. De la bande faible, nous obtenons une séquence assez claire et une séquence secondaire indiquée. Malheureusement, les deux séquences correspondent à l'ADNmt de notre personnel de laboratoire.

Bien qu'il y ait une petite possibilité que la séquence osseuse réelle ressemble par coïncidence à l'une des deux séquences de laboratoire.

À mon avis, cependant, il est plus probable que l'ADN osseux soit presque complètement détruit et que la PCR ne détecte donc que les quelques molécules d'ADNmt de l'haleine, des écailles flottantes microscopiques, etc. des travailleurs de laboratoire.

Une comparaison des deux séquences d'ADNmt trouvées avec l'ADNmt de la sœur apporterait une certitude, mais dans ces circonstances, j'hésite à recommander un investissement financier supplémentaire, car il faudrait encore 230 euros. Je vais vous écrire un rapport avec les détails dans les prochains jours.

Sincèrement, docteur Peter Forster

Le plus petit dénominateur commun de ce message est : l'analyse révèle la présence d'ADN féminin. Cependant, une contamination en laboratoire ne peut être exclue.

D'autre part, la contamination ne peut pas non plus être prouvée. Il est possible que le produit de PCR faible provienne de l'ADN dégradé du fragment osseux, ainsi que du personnel de laboratoire. Afin de faire une déclaration fiable, la contamination doit, bien sûr, être garantie d'être exclue. Sinon, une analyse n'a aucun sens.

Après cette analyse scientifique, j'étais évidemment déçu, au début, que l'ADN ait été détruit au fil de ces 10 années. Mais plus tard, je me souvenais de ce que le Dr Buij, spécialiste en analyse d'ADN osseux au laboratoire espagnol Néodiagnostica, me disait au téléphone : « Dans ces conditions humides, dans un sac plastique, l'ADN d'une côte d'une épaisseur de 4 mm sera détruit après un an, au plus tard, deux ans. »

Ici on est dans un délai de 10 années.

En prenant en compte l'expérience du Dr Buij, on peut conclure, si le Dr Forster avait pu extraire de l'ADN du fragment de côte, que l'on aurait pu exclure qu'elle provienne de Suzanne Viguier. Et l'ADN serait à attribuer à une autre personne, assassinée au plus tard 2 ans avant mon investigation.

En conséquence, l'absence d'ADN dans l'os est une bonne nouvelle !

Tout est refusé par le procureur Antoine Leroy

Le 31 mai 2010, j'appelle le Parquet de Foix pour être du bon côté. On m'a rapidement dit que mon dossier était clôturé, sans qu'aucune autre mesure ne soit prise. Interrogé sur la raison, il m'a été répondu : « Pas probant ».

La découverte des os avait été déclarée « non-sens ».

Liberté • Égalité • Fraternité
RÉPUBLIQUE FRANÇAISE

MINISTÈRE DE LA JUSTICE
ET DES LIBERTÉS

COUR D'APPEL DE TOULOUSE
TRIBUNAL DE GRANDE INSTANCE DE FOIX
Parquet du procureur de la République
■
Le procureur de la République

Foix, le 21 juin 2010

Nos réf: 10.123.000008

Monsieur,

Par un courrier daté du 31 mai 2010 parvenu à mon secrétariat le 3 juin 2010 vous sollicitez une copie de la procédure visée en objet à savoir la découverte par vous d'ossements en Ariège le 22 mars 2010.

Il vous a déjà été répondu par les services du SRPJ de Toulouse que ces os avaient fait l'objet d'une analyse dont il résultait qu'il ne s'agissait pas-là d'ossements humains, donc pouvant être ceux de Suzanne VIGUIER, ce dont vous semblez encore être convaincu.

L'article R155 du code de procédure pénale dispose que les copies pénales des procédures ne peuvent être délivrées qu'aux parties.

Il ne m'est donc pas possible d'autoriser que cette procédure vous soit délivrée en copie.

Je ne puis donc faire droit à votre demande.

Je vous prie de croire, Monsieur, en l'expression de mes civilités.

Le procureur de la République
Antoine LEROY

➡ Destinataire: Joachim RAUHUT, *Pérails*, 11410 MARQUEIN
Expéditeur: Tribunal de Grande Instance – 14, rue du Rocher – BP n° 78 – 09008 Foix Cedex – Tel: 05.61.02.19.01 – Fax: 05.61.02.65.17.93

Désormais, les journalistes sont informés, par exemple le « Sudouest ». Les maires d'Orlu et d'Orgeix, ainsi que l'association des communes des Vallées d'Ax, reçoivent une lettre les informant que les restes d'un cadavre se trouvent au-dessus du village. Carole mobilise ses avocats, F. Szpiner et G. Debuisson. Le Dr Sophie Vacher porte l'affaire jusqu'au ministère de l'Intérieur, au plus haut niveau, auprès du ministre de l'Intérieur, M. Alliot-Marie. Je fournis les documents nécessaires pour que le ministre puisse évaluer la situation. J'ai aussi contacté la société de production cinématographique « Éléphant & Cie » et un journaliste de « Rue89 ». Le 8 juin, Carole a envoyé un e-mail indiquant que la police judiciaire procéderait à une autre analyse approfondie des ossements. Laquelle de ces mobilisations a une influence convaincante sur la police criminelle et le parquet, cela m'échappe, mais c'est finalement également hors de propos. J'aurais aimé que ce soit l'intervention du médecin légiste, le Dr Sophie Vacher. Dans son rapport, le Dr Forster propose d'entreprendre une étude morphologique des côtes. Il aurait été bien que le Dr Vacher ne base pas seulement à une évaluation sur ma photographie, mais sur les os, de près. Les mairies des communes d'Orlu et d'Orgeix ont également reçu un courrier de ma part relatant la découverte des restes humains au sein du bourg d'Orlu. Aucune réponse de ces mairies n'avait été apportée. Aucun des journalistes que j'ai informés ne veut enquêter sur la découverte d'os, sans confirmation du parquet.

Je pense qu'il est absolument nécessaire, à ce stade, de regarder de plus près et de scruter les maigres réponses données par le Procureur de la République de Foix à mes courriers. Les réponses du procureur datent du 21 juin 2010 au 3 septembre 2010. La dureté et la réticence qui s'expriment à partir des lettres vont de pair avec un sentiment de réticence à ce que l'État ait tout intérêt à clarifier le sort d'une citoyenne française, à savoir Suzanne Blanch-Viguier. Je récapitule à nouveau les bases sur lesquelles le procureur s'est engagé à clore le dossier, sans entreprendre d'autres démarches. Ma demande écrite d'une copie des déclarations que j'ai signées a été refusée.

Cette réponse m'incite à envoyer au procureur des explications claires sur les raisons pour lesquelles les côtes ne peuvent pas être d'origine animale.

Pour une meilleure compréhension, je lui fournis des photos de diverses côtes d'animaux, qui diffèrent considérablement, dans leur structure, des côtes humaines.

Le professeur, Dr Olivier Rodat, de l'Université de Nantes, est prudent et sait que tout dépend si le procureur peut être convaincu. Voici sa réponse par mail.

Monsieur, j'ai examiné votre document, il s'agit certainement de côtes, dire qu'elles sont humaines est une autre affaire. Dire qu'elles sont flottantes en est une autre, car 15 cm c'est beaucoup pour ce type de côte. Autres explorations possibles : analyse structurale de l'os et des dispositifs permettant de confirmer l'origine humaine reste-t-il de l'ADN dans l'espace médullaire ? Il vous faut convaincre le Procureur.

Professeur Olivier Rodat

Une deuxième réponse du procureur de la République m'est parvenue le 28 juillet 2010. Je constate que sa curiosité a tout de même été éveillée. Il a mandaté le professeur Christian Doutremepuich, de l'institut de biologie de Bordeaux, pour effectuer une analyse ADN. Comme le Dr Forster trois mois plus tôt, le professeur Doutremepuich ne peut plus identifier de matériel génétique. C'est une indication que les os ont été exposés à l'humidité pendant de nombreuses années et que le matériel génétique s'est dégradé.

Le Docteur Buij de Neo-Diagnostica a prévu cette dégradation du matériel génétique dès le départ.

Cependant, il n'est pas logique (ni négligent) de la part du procureur de croire que l'absence de matériel génétique humain détectable permet de déduire qu'il s'agit d'un animal. Dans ce cas, un bilan morphologique sérieux serait indispensable. Elle pousse l'affaire plus loin. Cependant, si le procureur, Antoine Leroy, est tout à fait sûr que les ossements sont des ossements d'animaux, je demanderai que les trouvailles me soient restituées et c'est exactement ce que je lui ai écrit.

Le procureur a envoyé la troisième réponse, le 3 septembre 2010, dans laquelle il a brièvement déclaré qu'il refuse de me restituer les os !

Voici la copie de son courrier postal en date du 3 septembre 2010.

Puis-je interpréter cela comme signifiant que ce procureur n'a pas encore perdu son intérêt pour la découverte ? (La suite dans la Partie II du livre.)

Je dois rendre évident la réticence du procureur à me dire la vérité, à retarder les réponses, à ne montrer aucune volonté de rechercher la coopération avec l'investigateur. L'indifférence de ce procureur ne peut être ignorée.

En résumé, les différents courriers du procureur Leroy et le rapport du médecin légiste, le Dr Gainza, du CHU Rangueil :

1. Le 23 mars 2010, dépôt des ossements à la médecine légale de Rangueil, avec le capitaine Christophe Miette, de la police judiciaire de Toulouse, et l'un collègue de ses collègues.

2. Le 25 mars 2010, convocation à la police judiciaire, en présence de Ch. Miette. Il me présente le rapport du médecin légiste, le Dr David Gainza, mais refuse de me donner une copie de ce rapport. C'est curieux : convoqué pour faire un trajet de 100 km et droit de lire, mais refus d'obtenir la copie du rapport. J'essaie de retenir rapidement les parties importantes.

Je reviens sur ce rapport dans la Partie II du livre, car en mars 2023, j'ai pu « restaurer » ce rapport avec un logiciel OCR et d'autres méthodes. Comment j'ai pu recevoir ce rapport ? Il a été pris en image sur un fax (deux fois faxé !). C'est incroyable. Un document qui est devenu illisible, comme si on voulait empêcher la lecture de son contenu.

3. Refus de me restituer les ossements, car ils sont classés « petit animal n'ayant pas atteint l'âge adulte ». Je rappelle que toutes les correspondances ont été écrites.

Le refus de la restitution des os par le procureur de la République

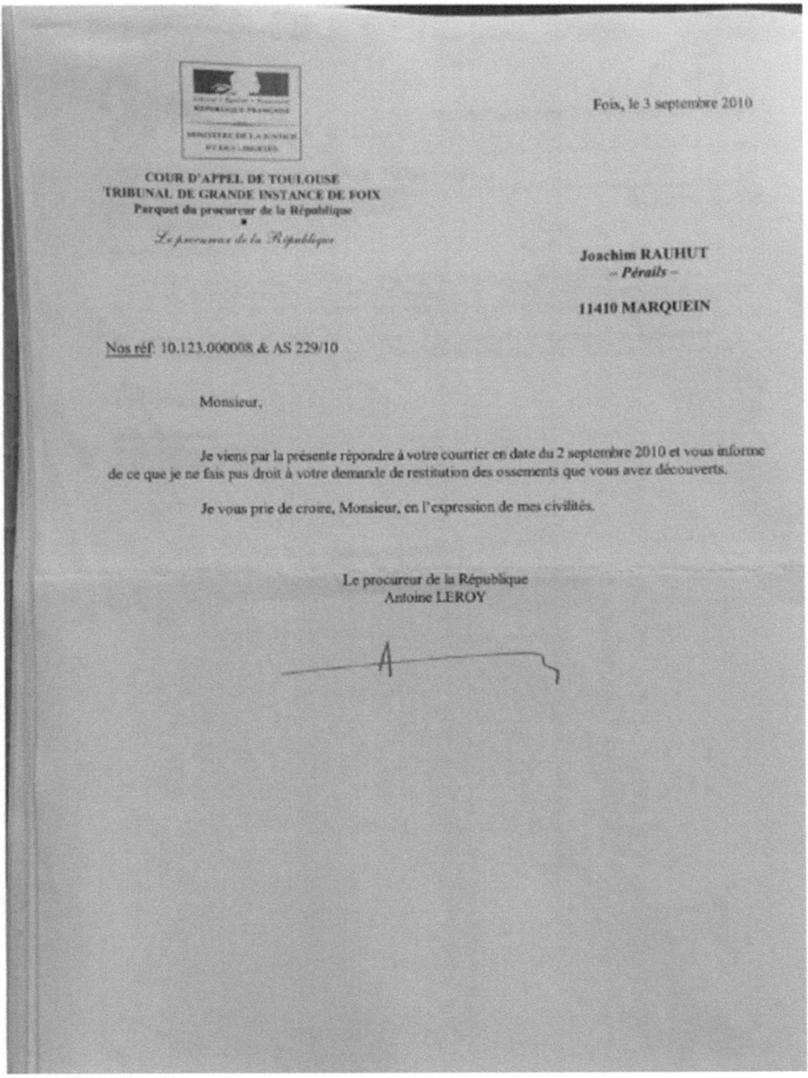

COUR D'APPEL DE TOULOUSE
TRIBUNAL DE GRANDE INSTANCE DE FOIX
Parquet du procureur de la République

Le procureur de la République

Foix, le 3 septembre 2010

Joachim RAUHUT
– Pérails –

11410 MARQUEIN

Nos réf: 10.123.000008 & AS 229/10

Monsieur,

Je viens par la présente répondre à votre courrier en date du 2 septembre 2010 et vous informe de ce que je ne fais pas droit à votre demande de restitution des ossements que vous avez découverts.

Je vous prie de croire, Monsieur, en l'expression de mes civilités.

Le procureur de la République
Antoine LEROY

Le rapport du médecin légiste, Gainza, rendu illisible par la justice

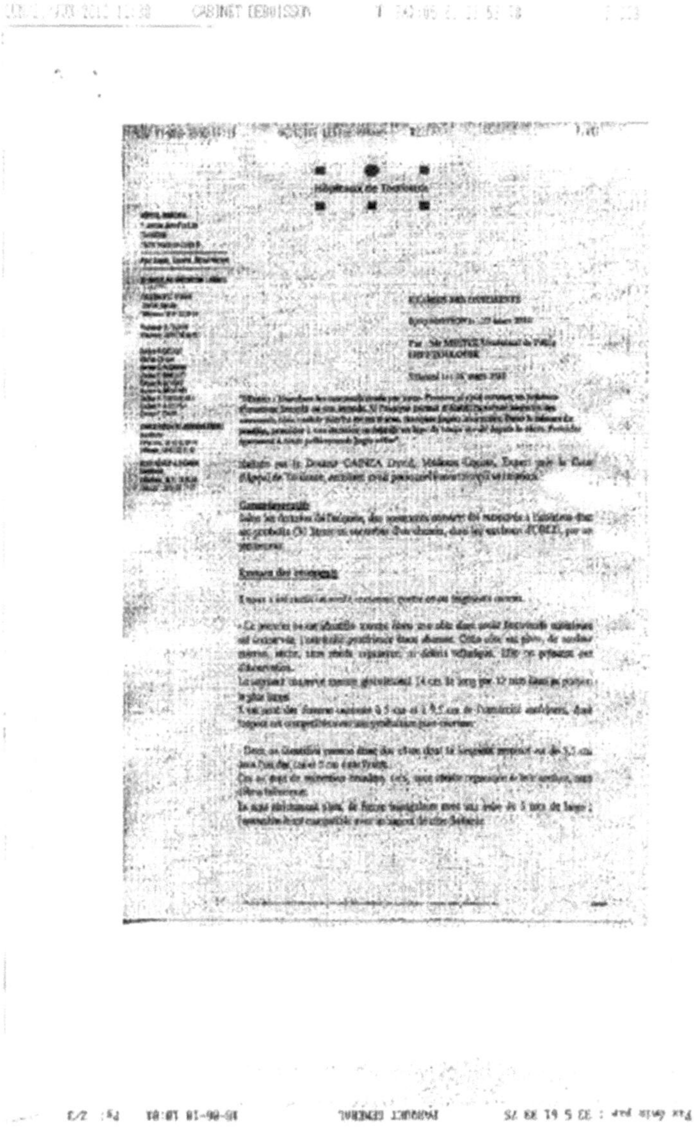

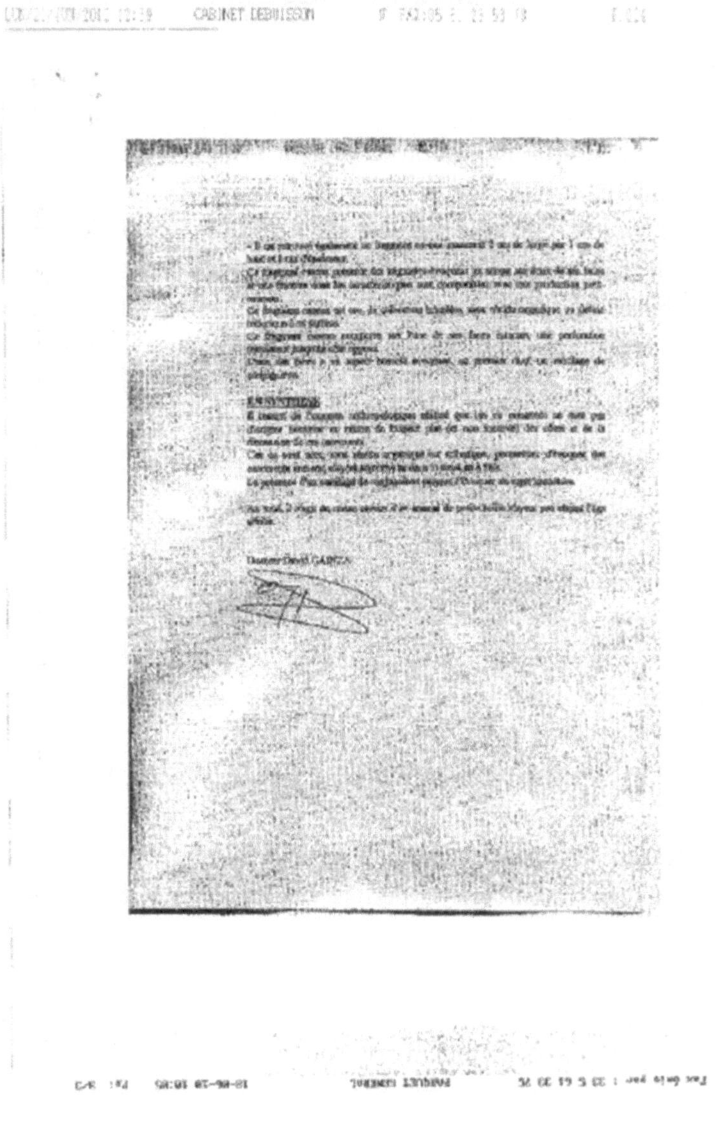

Le refus de la restitution des os par le procureur de la République

La solution vient des USA

Le 1er septembre 2010, au cours de mes recherches, je suis tombé sur le célèbre docteur en analyse médico-légale, le professeur Dr Cyril Wecht, de l'Institute of Forensic Science and Law, Duquesne University à Pittsburgh/USA.

J'envoie par mail au coordinateur de l'institut, Benjamin Wecht, ma demande d'examen de la photo des ossements retrouvés. Il est envoyé en haute résolution afin que même les plus petits détails soient visibles. Quinze minutes plus tard, j'obtiens une réponse du professeur Wecht.

Voici sa réponse :

Cher Monsieur Rauhut : Les photos que vous avez envoyées pourraient représenter des côtes humaines. Cependant, je ne serais pas en mesure d'arriver à cette conclusion avec une certitude scientifique basée uniquement sur l'image. J'aurais besoin d'examiner personnellement les os afin de prendre une telle décision.

Sincèrement vôtre, Cyril H. Wecht, M.D., J. D.

Le professeur Wecht estime qu'il pourrait s'agir de côtes humaines. Afin de pouvoir fournir une expertise scientifiquement vérifiée, il aimerait voir les ossements d'origine. Benjamin Wecht, le coordinateur, a également envoyé sa question aux anthropologues, le Professeur Dr Jeffrey Hugh Schwartz et le Professeur Dr Douglas Ubelaker, pour d'autres commentaires indépendants.

Voici les réponses traduites du professeur Douglas Ubelaker, soumises par Ben Wecht :

Monsieur Rauhut,

Comme vous l'avez déjà vu avec le Dr Wecht, j'ai pris la liberté de transmettre votre message à certains de mes experts, pour la plupart des anthropologues. L'un d'eux, Dr Douglas Ubelaker du Smithsonian, a également répondu qu'il devrait les voir en personne pour prendre une décision valable. Je suggérerais de porter les restes à l'attention des forces de l'ordre, si vous ne l'avez pas déjà fait. Bonne chance.

Ben Wecht…

Ainsi, nul autre que l'anthropologue, le professeur Jeffrey Hugh Schwartz, président de l'Académie mondiale des arts et des sciences, spécialiste en comparaison des os qui, en l'absence des originaux, reconnaît que les fragments ont des caractéristiques humaines.

Monsieur Rauhut,

Veuillez noter ce qui suit du professeur Jeffrey Schwartz de l'Université de Pittsburgh… Oui, en l'absence de l'original, il semble que ce soit cela. Les fragments sont également caractéristiques des côtes humaines. Ce sont de côtes flottantes.

Il est à espérer qu'une plaque commémorative pourra être érigée à l'endroit du « chemin de la Coste » d'Orlu vers le « col de l'Osque » où le corps de Suzanne Viguier a été dépecé et déposé dans deux sacs poubelle, avant que quelques restes ne soient retrouvés, dix ans et 22 jours plus tard, lors d'une recherche ciblée de ma part. Cette plaque commémorative se veut en son honneur, mais aussi comme un rappel au nom de toutes ces victimes d'un « meurtre parfait », toutes ces femmes, hommes, enfants, pour qui la violence est devenue le destin fatal.

Partie II

5 ans plus tard

En mai 2015, j'adressais un courrier postal au procureur de la ville de Foix (09), pour savoir s'il avait pu enquêter depuis son refus de restituer les ossements. Pas de réponse. Je relançais avec un deuxième courrier. Pas de réponse non plus. Un troisième courrier a finalement obtenu réponse par courrier recommandé. Soit ce procureur Leroy n'était plus sur ce poste en juillet 2015, soit il a délégué sa réponse à une autre personne.

La réponse était :
« Les ossements ont été incinérés en décembre 2013, parce que vous n'avez pas réclamé la restitution »

En prenant contact avec le parquet de Toulouse, on m'a informé que le rapport du médecin légiste, ainsi que tout le dossier, ont été également détruits.

Nous pouvons être abasourdis par un tel dysfonctionnement, incompétence en anatomie, ou comportement borné.

Ce représentant de la justice, qui devait défendre la victime, n'a pas à se justifier ou écouter. Il est conscient qu'il a le pouvoir total sans qu'on puisse faire intervenir une instance qui contrôlerait ce procureur.

Mon plus grand regret dans cette affaire d'investigation est d'avoir respecté la loi en déposant les côtes flottantes, ainsi que le fragment de vertèbre, à la police judiciaire. Je n'aurais pas dû procéder ainsi, mais d'abord chercher des anthropologues compétents en anatomie.

Tout a été détruit. Il ne me ne reste que deux fragments d'os et 75 g de sédiment séché, ainsi que les deux sacs.

Que faire dans cette situation ?

J'ai trouvé les ossements parce qu'ils étaient à l'intérieur d'un sac poubelle. Mais rien ne dit qu'à l'extérieur ne se trouvent pas d'autres ossements. C'est tout à fait possible, mais difficilement repérable sous cette végétation forestière.

J'imaginais qu'il devrait exister des appareils qui puissent distinguer des os de branches, en raison de leurs différentes densités ; une sorte de scanner pour la forêt. Le moteur google m'a proposé de HRDD, human remains detection dogs, des chiens qui sont entraînés pour trouver du sang humain décomposé.

Une équipe canine, avec cette discipline, se situe en Californie. C'est l'association K9 forensics. J'ai pris contact avec leur cheffe, Lynne Engelbert, en lui transmettant la photo des côtes. Leurs chiens, notamment des borders colleys, interviennent surtout dans des fouilles archéologiques. Elle a rendu service, dans les mêmes circonstances, en République Tchèque, pour des fins archéologiques.

Les atouts de ces HRDD sont : Ça va vite et c'est non invasif. Il n'y a pas de destruction d'indice, car le chien ne fait qu'une alerte à l'endroit où il repère l'odeur de décomposition.

Au fil de la discussion, nous avons constaté que faire venir K9 forensics de la Californie en France, est un effort financier énorme, trop énorme. Mais Lynne m'a prodigué un bon conseil, celui de contacter l'anthropologue français, le Dr Pierre Guyomarc'h.

J'ai pris note et lui ai envoyé un mail avec la photo, lui demandant ce qu'il en pensait.

Une heure plus tard, il m'a répondu d'alerter la gendarmerie pour sécuriser l'endroit de la découverte afin d'entreprendre une fouille systématique par les spécialistes de la police scientifique. Les ossements sont récents et non archéologiques.

En 2015, ce spécialiste en reconstitution faciale était aussi membre de la FASE, Forensic Anthropology Society of Europe, dans laquelle se trouvent toutes sortes de membres de la police criminelle, des anthropologues en anatomie, des médecins légistes, des juristes.

Après quelques échanges écrits, j'ai été obligé de lui dire que le procureur en charge a ordonné la destruction de ces ossements, deux ans auparavant, mais j'ai l'intention de reprendre les recherches avec une équipe canine.

Pierre m'assurait, en m'envoyant le « protocol of Minnesota » (Il s'agit d'un protocole à respecter dans une investigation extralégale), qu'il était également accepté en France. Il est notamment utilisé dans des investigations de l'UN et la Cour Pénale Internationale dans des cas de crimes de guerre.

Je suis tombé par hasard sur des vidéos « You Tube », dans lesquelles des personnes privées montrent les entraînements de chiens pour détecter des restes humains. Tout se présente comme un jeu, ce qui est aussi le cas pour ces chiens.

Parmi ces vidéos d'entraînement, il y en avait une dans laquelle cette équipe canine demandait, dans le cadre d'un probable site archéologique en Croatie, de venir en aide aux archéologues.

Les chiens ont alerté, pointant leurs nez à l'endroit où l'odeur avait été détectée. Trois mois plus tard, en septembre 2015, les archéologues ont entrepris une fouille à l'endroit fixé par GPS. Ils ont trouvé des ossements humains datant de 2 700 ans avant J.C.

Cet exploit de ces chiens est absolument remarquable et j'ai décidé de prendre contact avec la cheffe de cette équipe, Andrea Pintar, en Croatie.

En effet, elle et ses coéquipiers entraînent des chiens, principalement des chiens malinois, pour aider les investigations dans des fouilles archéologiques, mais aussi dans des fouilles de crimes de guerre, des charniers, des disparitions, des meurtres, ainsi que des accidents dus à des avalanches, et des catastrophes (tremblements de terre). L'équipe travaille exclusivement avec les gendarmeries et les autorités de justice.

Ces activités ne sont pas mises en avant dans ces vidéos et les membres se montrent très discrets en ce qui concerne des affaires criminelles.

J'ai transmis à Andrea Pintar la photo des côtes flottantes en lui demandant son avis.

Elle m'a répondu qu'elle la transmettrait à l'anthropologue de son équipe. La réponse confirmait qu'il valait le coup d'entreprendre des recherches canines.

J'ai engagé l'équipe de Andrea pour se rendre sur le lieu de la découverte, un trajet de 1 700 km. Un contrat a été conclu.

L'investigation canine a été programmée pour le mois d'octobre 2015. Nous voulions procéder aux recherches avant que la neige ne tombe.

J'ai loué un chalet pour nous, au camping d'Orlu. Après trois jours de voyage, deux équipiers, accompagnés de trois chiens HRDD de l'équipe Centar Special Purpose Dogs Association, sont arrivés à Orlu. Immédiatement, pour acclimater les chiens à leur tâche, les handlers ont décidé de faire un tour de reconnaissance du site. Il n'était pas prévu d'investigation, simplement donner aux chiens la possibilité de se mettre en situation, sur un terrain complexe et escarpé. Les trois chiens ont lancé une alerte, les uns après les autres.

Ici, je vais ajouter le rapport de Centar S.Pas qui est écrit en anglais.

Une remarque : L'équipe n'a jamais eu une mission à accomplir en France, mais partout dans d'autres pays européens, africains et en Outremer.

C'était la première fois qu'ils étaient appelés en France et non par la police judiciaire, mais par une personne privée qui s'investissait dans une investigation extralégale, quelques jours après son témoignage aux assises d'Albi, dans l'affaire de la disparition de Suzanne Viguier.

**Rapport d'enquête canine
de Centar Special Purpose dogs Association (9 pages)**

S.PAS Special Purpose Dogs Association
Lipovečka 150, Andreaševec, 49243 Oroslavje, Croatia
OIB 05754169676 / IBAN: HR6723600001102213462
www.canine-caffe.com / s.pas.centar@gmail.com

REPORT 15/02

October 28. 2015

Cadaver search

LOCATION: Orlu, France

About S.PAS

We are small civilian high professionally rescue/cadaver team with the specific kind of interest in dog work. Our main area of interest is the search and retrieval of deceased persons and human remains. When we started this kind of work we were named Croatian K9 Cadaver *Team* by German Police, and that name is sticked to our group.

Our team combines different profiles of people with the knowledge necessary for the professional organising, monitoring and implementation of a search for fatalities people, different types of search.

Members of the S.PAS have participated in more than 200 different actions search for missing persons in the last ten years. In Croatia and Balkan area We had a lots of search mission for graves from last war in our area (War in Croatia '90.) and mass graves from 2nd World war. We also started giving help to police when they need a dog for human recovery. Police (department for war crimes and missing persons) ask for our teams help when they had a problem in pinpointing the exact location or to confirm suspicious place. They call us when they need our dogs to find grave or human remains. We have cooperation with Security and intelligence agency in Croatia (war crimes and victims), and with criminal police in Croatia on a cases of missing persons, suicides and homicide.

We worked in case of serial murders in Macedonia (police could not find one body).

In spring of 2013 we worked with Polizeipräsidium Land Brandenburg, Polizeidirektion Nord on one of their cases where they needed to find the body of the victim (15 years old crime).

During the 2014 we worked with Police dog handlers from Qatar and Turkey, and with AFAD (professional rescuers of Turkey) and with the case of missing newborn (dumped by his mother) on a Croatian Capital Zagreb main garbage site.

We are trained in a variety of organisations and Centres across Europe with different specialties (search management, cadaver search, human remains detection etc.) Within group we have search managers that updates, monitors and stores the data at the end of the submission as an analysis of action pursuits. All actions of the dog handlers with cadaver dogs were monitored GPS devices, whose data is later used for analysis and documentation.

About our dogs and their work

Group includes dogs that are exclusively trained to search for human remains in various stages of decomposition, different environments and specific.

Dogs are trained exclusively on human remains, and training sessions are carefully prepared for different types of search. To search in the water with a boat, and the buried remains of bodies, blood and traces of human remains on the surface.

How do they work?
Dogs are not victim locators, they are odour followers. So that way they follow the odour until they reach the origin of the odour.

In a case of graves, human body is decomposing and it is mixes with the surrounding soil (due to the large percentage of fluid in the human body) and creates connections that are unique profiles specific only for the human species. A small percentage of these gases go out onto a surface and sensitive canine nose is able to distinguish and detect them.

The way of a search is determined by conditions on the ground, and the search can be free - rough searches (with dogs without leash, where the dog move independently and looks for the odour), a search on a long leash, where the radius of dog's movement is limited (4 m) and a fine search on a short leash in probed field (with holes in the ground) of approximately 10 x 10 m. Also, our dogs can work inside the buildings and will react and mark the decomposing human remains (such as dried blood drops). Our dogs WILL NOT react on menstrual blood and semen.

In cases of searches for the grave, it is usually necessary to probe the search area, to allow ventilation of the soil, or exiting a specific scent from the ground. With probing, a significant role plays the weather, as well as the composition of the soil. The ideal seasons are spring and autumn, with moderate temperatures and wet weather. Unfavourable weather conditions are strong summer sun, high temperatures (above 25 ° C) and dry air, snow or heavy rain and temperatures below 4 ° C.

When the dog's working we are distinguishing two reactions of the dog;

- dog marking the spot
- dog showing interest to the spot (area)

When dog got the odour and is curtain in it, he will mark the spot, and stick to it. Marking of the spot can be passive (siting, lying or standing "freezing") and active (barking, digging).

When dog has the odour "in his nose" he will start to show interest to it. Our dogs are trained to follow the odour until the source or origin of it. So, when they are trying to get to the origin of the odour in the ground they start to dig the ground, and sometimes bark in frustration (high pitch bark).

Most of the time when dog enters the "odour filed" area, dogs starts to follow the odour. Since the amount of the odour is (most of the time in such cases) really small, dog tends to "go out" of the area of interest to "clean the olfactory system" and returns back and continue to follow the odour. Some will say that the dog aborted the odour, but it is a mistake. Dog just need to clean his nose and "re-boot his olfactory system"

Such a work for the dogs is really intense. They have nose near the ground and they sniff intensive and inhale a lot of surrounding air with everything in it (such as dust and sand). Therefore, we tend to work with one dog up to 30 min and rest the dog another 30 min while other dog is working.

While working, all of the dogs have GPS attached to the harness, so we can track their movements, and analyse their search. GPS tracks of the dogs, and GPS marks of point of interest or dog marks considering this case, will be attached to this report in digital form.

While working on the case we keep a log of the dogs work. That is in attach as well.

The Case

For this case we put together the team composed of three (two plus one) members and three dogs. All of the dogs had their own "specialisation". Before coming to France at the location, dogs have been trained and prepared for the case, according to the guidelines and information that we were forwarded from mr. Joachim Rauhut.

Team arrived on Sunday 25th of October 2015. due to previous obligations, one of the members stayed in Croatia (contact via telephone), and two members were on the location.

Members:

1. Andrea Pintar, *team leader, SAR dog instructor and cadaver dog instructor, dog handler (Andrea was in Croatia due to some previous obligations, she made all of the preparations with the dogs and was informed about actions on the field)*
2. Christian Nikolić, dog handler, search manager, technical support
3. Zlatko Balaš, search manager, technical support and documenting (mapping)

Dogs:

1. Vindor Double Daisy "Sattva", female Belgian Shepherd, 9,5 years - SAR dog, cadaver dog + burials, water search dog – active marking
2. Altesse Wild Crocodile "Mali", female Belgian Shepherd, 4 years old - and forensic cadaver dog + burials – marking active (in search free) and passive
3. Pandora Box Cannine Caffe "Panda", female Belgian Shepherd, 3 years old - cadaver dog, marking passive

Some time in September of 2015 our chief instructor Andrea Pintar was contacted by mr. Joachim Rauhut with the question about participating in a 16 years old murder case and after some basic informations we accepted.

In written corespondency through e-mail we received information considering the case, but mostly about the terrain we are going to search. We received photos of the area and some informations.

Our job was to try to find a remains (bones) of the missing (presumably killed and dumped) person in a mountain about the town of Orlu. There has been some findings by mr. Joachim Rauhut, and we were to check the surroundings of the "hot spots" (places where have been finding of the "black bags").

Due to the informations we received from mr. Joachim Rauhut, we divided the search area in 4 segments:

- Segment A: around the spring and rocky bench and underneath it down to the town
- Segment B: surrounding of the place where 1st "black bag" (hotspot 1)
- Segment C: surrounding of the place where 2nd "black bag" was found (hotspot 2)
- Segment D: area down the road approximately 300 m long and 50 m wide

During the period of search mr. Joachim Rauhut was with us all the time.

Diary

25.10.2015

Conditions on the ground: 14C, sunny, no clouds, 1050 m above sea level, no wind
After we arrived (around 14:00) we met with mr. Joachim Rauhut and went to the location to do acclimatisation of the dogs and to do some scouting and preliminary work.
We started working with dogs in segment A (spring) and did preliminary work.
All of the dogs had markings near the spring, on the spot where there is a big rock looking like a bench.
Markings were on the ground in from of the rock and on the side where the water was flowing from the spring.
Afternoon we made arrangements what we will do next day.

Markation near the rocky bench and spring in segment A

26.10.2015

Conditions on the ground: 16C, clouds, sprinkles of the rain from time to time, no wind
We started working 9:30.
It was decided to start search away from the "hotspots" and slowly continue to the area of the both "hotspots". During the morning dogs had a lot of alerts (markings). We noticed that most of the alert were in two groups; around and under the 1st "hotspot" and around and under 2nd "hotspot". On almost all of the spots where dogs alerted we could not find any material evidence.

Due to the hard terrain, dogs were working in a "free mode"

Every alert by the dogs were marked with GPS device

The only spot where we did not manage to get into with the dogs, and has big POA (Probability of Area) was in segment A between the mark in the oak tree and spring. Whole of that area was covered with thick bushes. Therefore that stopped us to check the area, which in normal circumstances would be done.

Marking in a base hazel tree

27.10.2015

Conditions on the ground: 18C, sunny, with light wind of 1 m/s,
We started working 9:30.
Area in segment D was checked and there was none interest and none of the alerts of the dogs.
We checked again segment A around the spring and again we had markings of the dogs, at the same places like the first day.
It was decided that enough ground was covered with the dogs, so at this point we stopped with further work with the dogs in this area.

Markation on the rocky bench and around it

28.10.2015

Collection of the data and making of the reports

7 of 9

Summary

On the location at mountain above Orlu, we spend 3 days working with our dogs.

Before we come to the location we were aware of the facts that we are looking for a more pieces of the human remains (bones) spreader on smaller area.

Also, we were informed about details considering the case that might help us organise our search better. And we were informed of existent of many scavengers specially the wild hogs, which was potential problem because there are known as "evidence destroyers" due to the face that they eat all, even the human bones.

Terrain we worked on was steep and there was a lot of bushes, which made our search hard. There was not way for the dogs to go into the bushes due to density of the bushes.

On the ground there were terraces witch made our work easier due to the steep terrain.

It is important to emphasise that our dogs are trained to mark human remains on the ground, in the ground (graves) and traces of liquids from decomposing process.

Alert and markings of the dogs suggested that there were human remains on that area, and that most of them were around the "hotspots" as well as on the rocky bench near the spring in the segment A. We checked the the wider area and dogs had no alerts or interest at all.

What was different from the similar cases we work on, was the fact that there were a lot of markings in a considerably small area most of them around the "hotspots" where earlier mr. Joachim Rauhut found some "black bags".

Because all of the dogs made alert on that area, we can conclude that in that area was a considerable amount of blood or some kind of human decomposing liquids (we did not found the bones so, we can presume that it was cadaver liquids in the ground that triggered dogs to alert) and that body or body parts were not decomposing on one spot. Usually when you have body on one place, the dogs would alert in one spot (place where the body was placed) and single alerts on wider area (because of scavengers). As we said, that was not situation in this case.

Because there are a lot of wild hogs around (we saw a lot of tracks made by wild hogs) we can conclude that any kind of human cadaver were eaten by wild hogs.

On the end we can conclude that in that area was a great amount of human cadaver elements, but due to the fact that we did not found any human remains and that there are a lot of wild life, material evidence was destroyed.

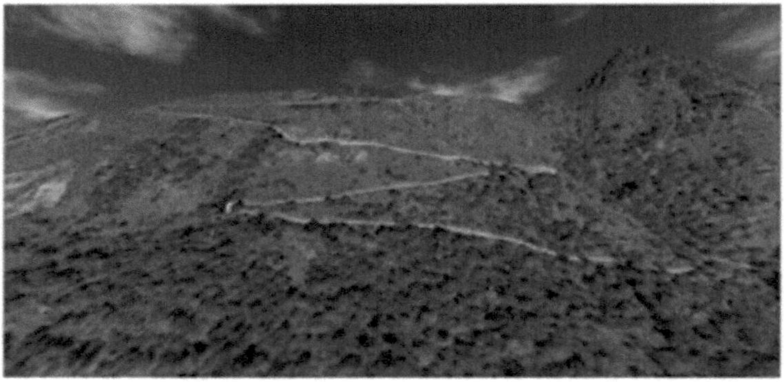

3D view of the terrain with the spots where dogs did alert

Team leader
Andrea Pintar

Christian Nikolić

CADAVER SEARCH: Orlu, France; 25.-27.10.2015.

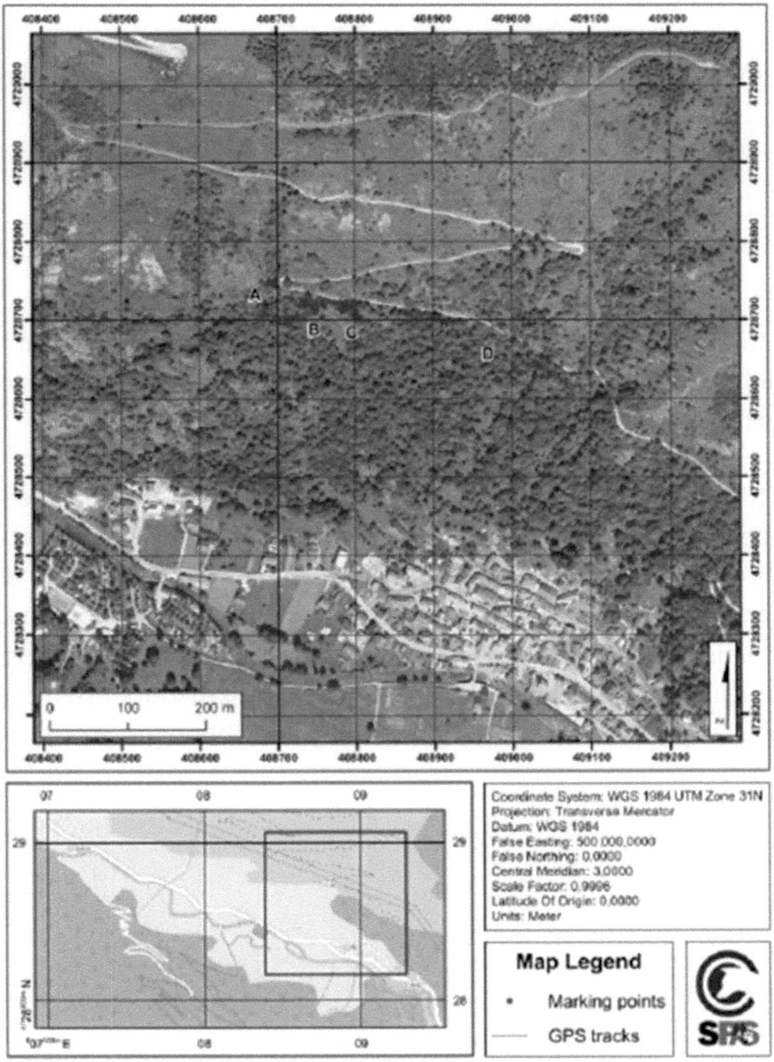

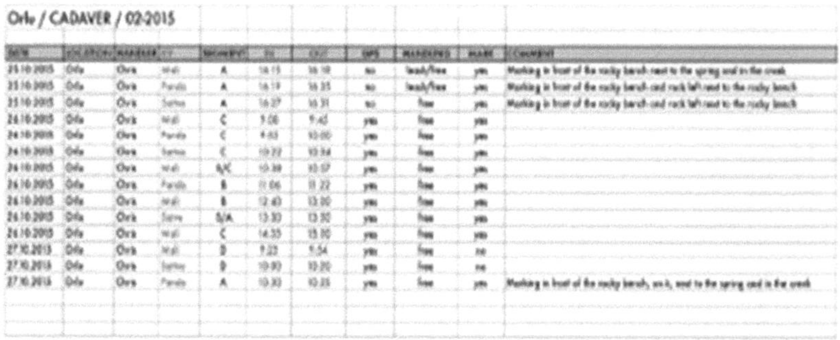

Orla / CADAVER / 02-2015

[illegible]	[illegible]	[illegible]	[illegible]	[illegible]	[illegible]	[illegible]	[illegible]	[illegible]	[illegible]	[illegible]
25.10.2015	Orla	Ovra	[illegible]	A	16:15	16:18	no	leash/free	yes	Marking in front of the rocky bench next to the spring and in the creek
25.10.2015	Orla	Ovra	[illegible]	A	16:19	16:25	no	leash/free	yes	Marking in front of the rocky bench and rock left next to the rocky bench
25.10.2015	Orla	Ovra	[illegible]	A	16:27	16:31	no	free	yes	Marking in front of the rocky bench and rock left next to the rocky bench
26.10.2015	Orla	Ovra	[illegible]	C	9:08	9:42	yes	free	yes	
26.10.2015	Orla	Ovra	[illegible]	C	9:43	10:00	yes	free	yes	
26.10.2015	Orla	Ovra	[illegible]	C	10:22	10:34	yes	free	yes	
26.10.2015	Orla	Ovra	[illegible]	A/C	10:38	10:57	yes	free	yes	
26.10.2015	Orla	Ovra	[illegible]	B	11:06	11:22	yes	free	yes	
26.10.2015	Orla	Ovra	[illegible]	B	12:43	13:00	yes	free	yes	
26.10.2015	Orla	Ovra	[illegible]	B/A	13:30	13:50	yes	free	yes	
26.10.2015	Orla	Ovra	[illegible]	C	14:35	15:10	yes	free	yes	
27.10.2015	Orla	Ovra	[illegible]	D	9:23	9:54	yes	free	no	
27.10.2015	Orla	Ovra	[illegible]	D	10:00	10:20	yes	free	no	
27.10.2015	Orla	Ovra	[illegible]	A	10:30	10:35	yes	free	yes	Marking in front of the rocky bench, on it, next to the spring and in the creek

Le 7 juillet 2015, j’ai envoyé la photo des côtes dans ma main, à l’anthropologue, Dr Joan Baker d’ABFA (American Board of Forensic Anatomie).

Elle m’a répondu quelques heures plus tard, en m’informant qu’elle ne pouvait exclure que ces ossements soient d’origine humaine ; elle avait besoin de les examiner réellement. Elle me conseillait de les amener immédiatement aux autorités de la police (law enforcement), car s’ils restaient en ma possession, on pourrait me poursuivre juridiquement. En effet, il n’est pas légal de posséder des ossements humains que l’on a trouvés (tout au moins, aux USA, c’est ainsi).

8 ans plus tard

En début de mois d'août 2018, j'ai reçu un appel téléphonique d'un agent d'EUROPOL. Il m'expliquait qu'un laboratoire en anatomie en Suisse aurait alerté EUROPOL sur la photo avec ces « findings » dans ma main. Il m'annonçait venir pour m'interroger.

En effet, je l'ai mis sur Facebook après qu'un capitaine de la police judiciaire m'a expliqué par téléphone que « ces ossements font partie d'un lièvre ».

J'ai sous-titré la photo sur Facebook en anglais : « it's a hare now ».

Cet agent d'EUROPOL et son collègue se sont rendus à mon domicile pour m'expliquer qu'ils voulaient récupérer ces ossements que je tenais dans ma main.

Là, j'ai été obligé de leur dire que j'étais désolé, mais que ces ossements avaient été donnés à la justice, laquelle les avait incinérés en décembre 2013, en pensant, comme ils disaient « qu'ils font partie d'un petit animal n'ayant pas atteint l'âge adulte ». Ils sont donc repartis bredouilles. Je n'ai plus entendu parler d'eux.

Fin août 2018, j'ai eu le premier rendez-vous au MNHN. Par Internet, nous pouvons suivre une procédure, une possibilité pour des personnes intéressées à l'anatomie, des classes d'élèves, des scientifiques, etc.

C'était déjà prévu en 2016, mais par manque de temps, la visite avait été retardée.

Au laboratoire d'anatomie, j'ai pu comparer mes côtes flottantes avec deux squelettes féminins et deux thorax masculins. On y est allés tous les deux (Isa a amené par précaution sa Carte Professionnelle Infirmier de l'Ordre National Infirmiers, mais cela passait sans).

Mes côtes réduites à la taille d'origine étaient identiques dans les caractéristiques avec les côtes flottantes féminines, ainsi que par la taille.

J'ai évoqué devant l'anthropologue enseignant, le Dr Martin Friess, que les ossements ont été détruits par le procureur, qui n'a pas voulu suivre mes différents avis.

Je l'ai aussi informé que j'étais encore en possession de deux petits fragments d'os non identifiables et d'un substrat sédimentaire.

Il m'a conseillé de bien conserver ces objets à l'abri, disant que « la science n'a pas encore fini de terminer avec de nouvelles procédures d'identification ».

J'ai pris ce conseil très au sérieux et ai conservé ces présumés restes humains sous les meilleures conditions possibles, à l'abri de la chaleur et de la lumière, bien au sec.

13 ans plus tard

Cela fait maintenant 23 ans que Suzanne Viguier a été assassinée. Elle avait 38 ans au moment du meurtre, elle en aurait 61, aujourd'hui.

On se rapproche d'un quart d'un siècle de sa disparition.

Ce texte du médecin légiste m'occupait de nouveau. Ce rapport, que j'ai pu obtenir, était d'une qualité abominable : deux fois faxé, pour être ensuite transformé en image.

Bien sûr, j'ai appris par cœur les passages les plus importants dans cette brève description lacunaire du médecin légiste Gainza. Peu après avoir pris connaissance du rapport à la PJ de Toulouse, j'ai appelé ce médecin légiste à Rangueil, pour lui dire que c'était une erreur, que ces ossements appartenaient à « un petit animal n'ayant pas atteint l'âge adulte ». Je voulais savoir quel animal il me donnerait.

Très énervé, il a crié dans le téléphone : « C'est moi le médecin légiste ou vous ? ». Visiblement, c'était son seul argument.

Mais maintenant, en mai 2023, j'ai remarqué qu'il existe un logiciel OCR (Optical Character Recognition). Il s'agit d'un logiciel de reconnaissance de texte.

Je me suis mis dessus et, avec mon mémoire, la loupe et cet OCR, j'ai pu restaurer 90 % du texte que je vais ajouter ici le fac-similé du rapport Gainza, assermenté auprès de la justice toulousaine. 10 % ne sont pas restaurables, en raison de lettres trop petites (là où j'ai mis des pointillés).

Si Jean-François Champollion a eu l'idée de décrypter les hiéroglyphes égyptiens, je n'ai jamais pu imaginer que je devrais un jour, dans ce cas Viguier, déchiffrer les hiéroglyphes de la justice toulousaine.

Voici le résultat de l'OCR

Page 1

Fax émis par 335 613 375 Parquet Général 18-06-10 10 h 1

Reçu LUN/21/JUN 2010 12 h 38 Cabinet Debuisson Hôpitaux de Toulouse

Examens des ossements Réquisition le 23 mars 2010

par : M. Miette, Capitaine de Police SRPJ Toulouse Rangueil le 26 mars 2010

Comparatifs

Selon le dossier de l'enquête, des ossements ont été trouvés à l'intérieur d'un sac poubelle (30 litres) en contrebas d'un chemin dans les alentours du village d'ORGEIX, par un promeneur.

Expertise des ossements

Le premier os est une côte, dont son extrémité antérieure est conservée... postérieure étant absente. Cette côte est plate, la couleur marron, sèche ; elle ne présente pas de déshydratation. La deuxième côte mesure globalement 14 cm de longueur par 12 mm dans la partie la plus large.

Il est noté d'une fracture se présentant de 9 cm à 9,5 cm de l'extrémité antérieure, dont l'aspect est compatible avec une fracture post-mortem.

Deux os identifiés, étant des côtes avec une longueur respective de 5,5 cm de l'une et 5 cm de l'autre.

Elles sont absolument plates, de forme triangulaire avec une de 5 mm de large ; l'ensemble est compatible avec un aspect de côte flottante.

Page2

Il est également un fragment osseux de dimension de 2 cm de large par 1 cm et de 3 cm et 1 cm d'épaisseur.

Ce fragment osseux présente des stigmates sur deux de ses faces et une fracture dont les caractéristiques sont compatibles avec une production post-mortem.

Ce fragment osseux est d'une coloration brunâtre sans résidu organique ou détruit.

Ce fragment osseux a une perforation résultante de côte

opposée. Un aspect bosselé au premier chef au cartilage de conjugaison EN SYNTHÈSE

Il ressort de l'aspect anthropologique réalisé qu'il ne sera pas d'origine humaine en raison de l'aspect plat et de la

dimension trop petite.

Au total, il s'agit d'un animal de petite taille n'ayant pas atteint l'âge adulte.

Docteur David Gainza

Mes commentaires :

1– Ce n'était pas un promeneur qui a trouvé les ossements ; c'était une investigation ciblée et précise sur des éléments qui ont permis d'établir l'hypothèse du meurtre, à la suite de mon témoignage au procès Viguier à Albi, le 9 mars 2010.

2– Il reconnaît une côte flottante en raison de son aspect « triangulaire ».

3– La « perforation » n'est autre que le foramen qui se situe dans la cuvette entre le processus transverse et le corps du vertébré. Probablement le fragment de la T8.

4. Trop petit pour un etre humain ? La taille correspond exactement à celle d'une femme adulte.

La fracture intrigante au bord supérieur de la côte N° 11

Au bord supérieur de la côte N° 11, il y a une fracture, plutôt une « brisure » qui suit une ligne claire sans zigzag. Je l'ai écrit dans la Partie I.

Un test avec une côte plate bovine, avec ligaments et chair, a donné des éclaircissements. Il s'agit d'une côte congelée, frappée avec la partie plate d'une hache, ce qui donne un éclat de cette apparence. L'os congelé devient cassant comme du verre.

Voir photo

Il n'y a aucun doute : le corps de Suzanne Viguier a été congelé et dépecé en état congelé.

Donc, le meurtrier était forcément en possession d'un congélateur suffisamment spacieux pour pouvoir procéder de cette manière.

La congélation rend l'os friable et sous la frappe d'une hache, il casse comme du verre. Le test avec un os plat d'animal congelé est concluant.

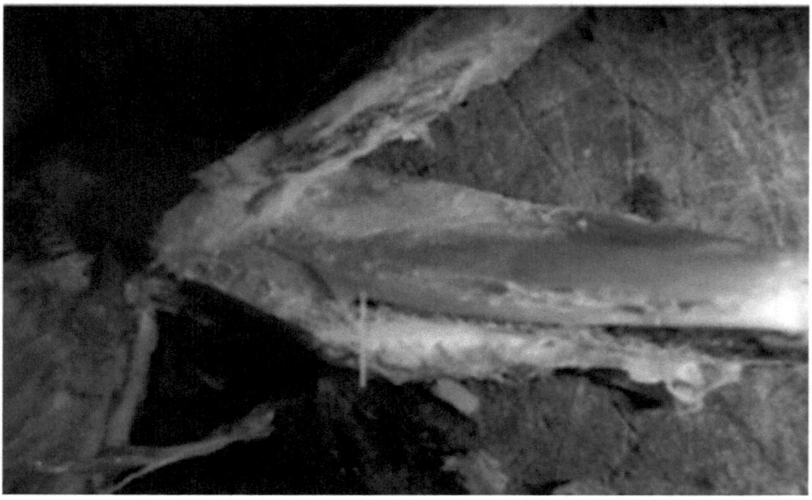

Ces éléments m'ont amené à reprendre contact avec le MNHN (Muséum National d'Histoire Naturelle) à Paris, pour une nouvelle visite, pour prise de photos comparatives.

Dans ce cadre-là, j'ai envoyé à l'anthropologue, Dr Friess, les photos des fragments d'os avec échelle. Ces fragments, comme on peut le constater sur les photos prises le 15 avril 2010, lors du séchage, mesurent, pour le premier 1 cm et pour le deuxième, 2,2 cm de long.

J'avais l'intention de les amener au MNHN, ainsi que le sédiment pour avis.

En examinant les fragments sur la photo, l'enseignant en anatomie a évoqué que les scientifiques ont développé, depuis peu d'années, une méthode d'analyse chimique pour des fragments d'os non identifiés.

Il s'agit de la zooMS.

La zooMS

La zooMS a été développée à partir de 2009 par des scientifiques comme Dr Michael Buckley, Dr Collins et d'autres en Angleterre.

Elle prend comme base d'analyse le fait que des os contiennent une protéine, le collagène. Ce collagène se « minéralise », si je peux dire, après la mort, et devient de cette manière un produit assez stable aux dégradations. En mesurant la masse des molécules, la spectrométrie de masse (MS), on peut identifier l'origine de l'échantillon examiné.

La méthode de MALDI-TOF MS est connue dans le cercle des scientifiques et régulièrement pratiquée depuis 2017.

Les analyses sont principalement réalisées pour identifier des fragments d'os dans le domaine de l'archéologie et de la paléontologie.

Il s'agit d'une méthode non destructive de l'échantillon. Il en faut très peu, quelques millièmes d'un gramme, pour connaître le « collagène fingerprinting », comme l'appellent les scientifiques.

J'ai donc pris contact avec le Dr Mike Buckley, à l'université de Manchester. Il m'a rapidement répondu, après avoir vu la photo des fragments d'os, qu'il y avait une très grande chance de trouver ce collagène fingerprint, c'est-à-dire, de connaître l'espèce.

J'ai finalement pris contact avec plusieurs laboratoires universitaires. Par crainte que les ossements puissent être d'origine humaine (parce que tous les chercheurs ont également reçu la photo des côtes flottantes), ils sont restés réservés pour établir une analyse zooMS. En effet, dans l'hypothèse d'un meurtre, leur tâche prendrait une autre dimension que celle d'une analyse paléontologique. Il n'y a rien de compromettant de chercher dans la préhistoire humaine, alors qu'il en est tout autre pour une analyse du collagène d'ossements récents.

Le Dr Sam Preeslee, de l'université de York en Angleterre, m'a informé qu'elle ne procédait pas à des analyses dans des cas de meurtre. Mais elle a tout de même tenté de m'aider à trouver un laboratoire prêt à analyser les fragments.

Pour me faire savoir que cette méthode de zooMS, dans des cas de disparition était très récente, elle m'a envoyé le rapport d'un cas ayant des similitudes avec le cas Viguier.

Je vais l'exposer brièvement ici.

Le rapport date de mars 2023. Il concerne la disparition d'un garçon de 9 ans, en Chine. Cette disparition a eu lieu il y a 21 ans. Donc, depuis 2002, cas similaire à celui de Suzanne Viguier.

Le meurtrier présumé a, 21 ans après, avoué le meurtre du petit garçon. Il a avancé qu'il avait enterré le cadavre dans son jardin, avec d'autres déchets d'abattage. Mais plus tard, il a tout emporté dans des champs pour les fertiliser avec ces restes.

Le parquet avait un dilemme : Il y avait des aveux, mais pas de preuve matérielle. Peut-être que le meurtrier présumé avait menti ?

La police scientifique a entrepris une fouille dans son jardin, tamisant la terre pour éventuellement trouver quelque chose.

19 fragments d'os de taille maximale de 2 cm ont été retrouvés. La même taille que « mes » fragments.

C'est le Max-Planck-Institut, en collaboration avec le laboratoire universitaire de Jilin/Chine et d'autres, qui ont conduit les analyses.

Aucun ADN n'était présent dans ces ossements (comme dans le cas Viguier).

Le résultat de MALDI-TOF MS est que 18 fragments font partie de poules, canards et cochons, et 1 fragment d'un « homo sapiens ».

Les recherches poussées sur ce fragment ont relevé que le collagène était d'origine masculine.

Par la suite, les chercheurs ont pris des échantillons du père et de la mère du garçon disparu et les analyses ont conclu que ce fragment d'os appartenait bien à ce garçon disparu.

14 chercheurs ont contribué à ces analyses chimiques, en plus la police scientifique de cet endroit, en Chine.

Le rapport comprenait 9 pages A4 et incluait tous les chemins d'analyse, qui sont assez complexes.

Ci-joint la conclusion établie par ces chercheurs

« To sum up, through introducing the state-of-art technologies in archeology into the forensic practice, we identified and confirmed the bone fragment of the victim boy with high efficiency. This study provides new evidence for solving cold cases and hightlights the enormous potential of multidisciplinary techniques applied in forensic study for crime solving and justice. »

traduction en français *:*
« En résumé, en introduisant les technologies de pointe en archéologie dans la pratique médico-légale, nous avons identifié et confirmé le fragment osseux d'un garçon victime, avec une grande efficacité. Cette étude fournit de nouvelles preuves pour résoudre des "cold cases" (affaires classées) et met en évidence l'énorme potentiel des techniques multidisciplinaires appliquées à l'étude médico-légale pour la résolution de crimes et la justice ».

Il est donc à présent devenu possible, 23 années après la disparition de Suzanne Viguier, d'analyser ces fragments d'os d'une manière chimique et avec une technique multidisciplinaire de pointe, la zooMS, par MALDI-TOF MS, à savoir s'ils appartiennent à

Suzanne Viguier ou à une autre femme ou, qui sait, à « un animal de petite taille n'ayant pas atteint l'âge adulte » non identifié.

Mais il est hors de question que les fragments d'os et le sédiment soient donnés aux mains du procureur de Toulouse/Foix. L'expérience du passé montre qu'aucune confiance ne peut être prêtée à cette justice toulousaine, laquelle a systématiquement procédé à la destruction des preuves, en toute légalité de textes législatifs à disposition.

Agacé par mes mails, le procureur Leroy de Toulouse a purement et simplement bloqué mes messages. Il est complètement désintéressé et pratique la politique de la chaise vide depuis 13 années, sans avoir aucunement besoin de se justifier.

Il est convaincu de la conclusion stupide de son médecin légiste assermenté devant la justice, Gainza, que les ossements seraient ceux *« d'un animal de petite taille n'ayant pas atteint l'âge adulte ».*

Entretemps j'ai trouvé un laboratoire dont le scientifique et son équipe universitaire sont prêts à analyser les fragments d'os par zooMS, sous condition que la demande soit faite officiellement par la justice avec toutes les mesures de protection nécessaires.

ADN sédimentaire

Il existe également une très récente méthode pour analyser aussi le substrat qui était dans les sacs poubelle 1 et 2, et sur lesquels les chiens de Centar S.Pas ont alerté.

C'est l'ADNsédimentaire qui est également très fiable pour connaître l'origine de la personne, même s'il s'agit uniquement de fragments d'os microscopiques, de fragments microscopiques de cheveux, de microbes qui ont participé à la décomposition, etc.

Mais cette méthode n'en est qu'au début de l'exploration et pourra un jour, tout comme la zooMS, servir à des études multidisciplinaires.

Par précaution, les résidus ont été mis dans un coffre-fort d'une banque pour éviter leur perte, derniers éléments que le procureur en charge du dossier n'a pas pu détruire…

La description succincte de l'investigation extralégale

Le dimanche 27 février 2000 durant la matinée, Suzanne Viguier a été tuée dans la maison familiale à Toulouse.

Le meurtrier a par la suite mis le corps dans un congélateur.

43 heures plus tard, c'est maintenant le mardi 29 février à 5 h le matin, il a sorti le corps de sa tombe froide et l'a transporté dans sa voiture en direction de la vallée d'Oriège où se situe le village d'Orgeix, lieu de la maison secondaire de la famille Viguier à 2 h 20 de route de Toulouse.

Il arrive à 7 h 30 aux premières lueurs à l'endroit dans la Coste de Soula où il dépèce le corps congelé de Suzanne et met les parties dans deux sacs poubelles. Il cache cette œuvre macabre en contrebas du chemin.

Par la suite il quitte la vallée et revient en début d'après-midi, se présentant à la maison secondaire auprès de ses parents et ses enfants en annonçant « *elle n'est pas venue* ».

L'organisation de faire disparaître le corps de Suzanne est maintenant achevée ce 29 février 2000.

À partir du 1er mars 2000, le rideau commence à se lever pour un long spectacle médiatique. On assiste à une sorte de « loft-story judiciaire ».

Suzanne devient célèbre. Elle est connue maintenant par tout le monde.

Les théories les plus farfelues sur son absence voient le jour.

L'énigme de son sort plane pendant près d'un quart d'un siècle.

Son réveil est calé à 13 h 45. Elle ne l'entend plus sonner. Elle a 38 ans et elle entre dans l'histoire. Quoi qu'il arrive, elle aura toujours 38 ans.

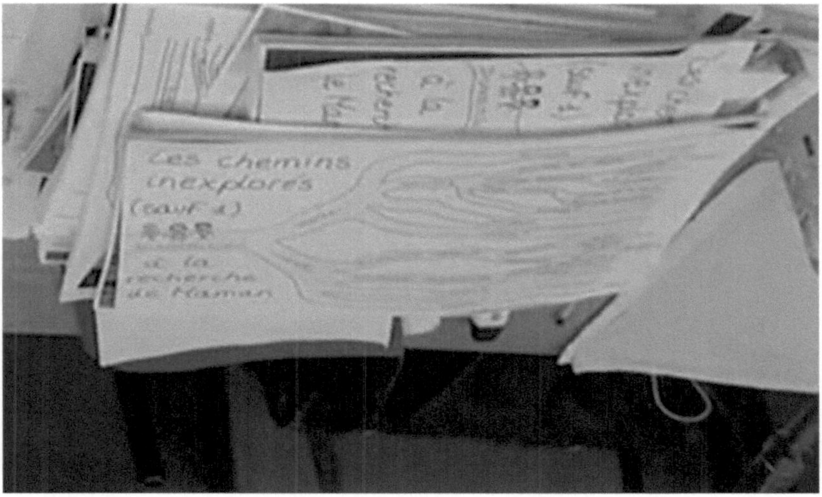

Dessin présenté par la défense lors du procès à Albi

Remerciements

1. Monsieur Norbert Terrasse, inspecteur de la police à la retraite depuis 1998, France
2. Carole Blanch et Hélène, sœurs de Suzanne Viguier
3. Dr.Peter Forster, généticien, GB
4. Dr Sophie Vacher, médecin légiste, France
5. Dr Corinne Duhig, ostéologue, GB
6. Dr.Buij, généticien, Espagne
7. Andréa Pintar,dog-handler Hrdd, Chris Nicolic et Zlatko Balas, Croatie
8. Lynne Engelbert, dog-handler K9forensics, Californie
9. Dr.Pierre Guyomarc'h, anthropologue en anatomie, France
10. Dr.Joan Baker, ABFA, USA
11. Pr.Dr.Cyril Wecht, médecin légiste et anthropologue, USA
12. Dr Ben Wecht, anthropologue, Cyril Wecht Institut of Forensic Anatomy, USA
13. Pr.Dr. Ubelaker, anthropologue, USA
14. Pr.Dr. Jeffrey H. Schwartz, anthropologue en anatomie, USA
15. EUROPOL
16. Dr Mike Buckley, scientifique en zooMS, Angleterre
17. Pr.Dr. Samantha Preeslee, scientifique en zooMS, Angleterre
18. Pr.Dr. Frido Welker, scientifique en zooMS, Danemark
19. Dr Martin Friess, anthropologue, France
20. Dr Hélène Fête, médecin généraliste, France
21. Olivier Mathios, éboueur, France
22. Pr Olivier Rodat, médecin légiste, anthropologue, Nantes
23. Dr Charles Ohayon, vétérinaire, France
24. Elisabeth Hamel, journaliste scientifique, Allemagne

Toutes ces personnes ont apporté leur contribution avec précaution, ce qui m'a permis d'éclairer la vérité.

Table des matières

Imprimé en Allemagne
Achevé d'imprimer en octobre 2023
Dépôt légal : octobre 2023

Pour

Le Lys Bleu Éditions
40, rue du Louvre
75001 Paris